緣命之間

王邦雄

自序

這本新書，是從《緣與命》與《再論緣與命》的兩本舊作中，選取最具代表性的主題講辭〈說解緣與命〉、〈再論緣與命〉與〈開創緣與命〉等三篇集結而成。舊本刊行，距今已有三十五年之久，正是台灣錢淹腳目之經濟起飛而社運狂飆的迷失年代，也是什麼都可能隨時擁有又什麼都可能瞬間消散的不穩定社會。我立身其間，不論大學講壇或民間課堂，話題都離不開劇變年代的民主化進程，與不穩定社會走向現代化的亂象與轉折。這三場人生講座，我並沒有建構什麼別出心裁的詮釋系統，僅順任自家生於斯長於斯的鄉土情懷，說出分分秒秒湧現心頭的存在感受；而反省的切入點，源自文化傳統中儒道佛三大教的生命理念，儒道兩家講「命」，與佛門說「緣」，就此開顯了人生福報到底是「命」中注定，還是「緣」會使然的兩大詮釋系統，試圖對人活一生之成敗得失與禍福榮辱給出合理的解釋。只因為「理」已解開，生命就得到了釋放。

「命」已定要「認」，「緣」起現要「隨」，形成了「認命」消解不平而走出傷痛，與「隨緣」機緣再起而重新出發之分道中合流的應世智慧。在民間傳統中，算命實則在算緣，因為命已定，說算命根本不存在任何意義。問「命」好不好，反而要往此去會不會遇上生命中的貴人中找答案，遇不遇不就是「緣」的問題了嗎？反觀「緣」起本在不定之中，緣會再美好也持守不住。緣本來就在人世間的每一角落每一當下中展開，問兩命之間有沒有緣，等同笑話，精準的說，當該問的是緣分到了沒有？要成全一段好姻緣，反而要往雙方的「命」中去尋找「定」的元素能量，「對」象徵兩人命底的生辰八字合不合，合則有「分」，就從合得來的有分說有緣，因為「分」可以定住

「緣」，不合則雖有緣亦無分，終究散掉成空。所以，「認命」與「隨緣」，看似兩相對反，實則互補共成，「命定」與「緣起」，看似分道而行，實則匯歸合流。還好「命定」中有「緣」來「起」，「緣起」中有「命」來「定」，「命」往「緣」中有「運」，「緣」守「命」中「分」。原來，命運與緣分在民間傳統談緣說命的閒話家常間，竟毫無扞格，千古下來已一體並行。

「命定」神似「行到水窮處」，「緣起」貼近「坐看雲起時」。山窮水盡，看來前行已無路，未料風起雲湧，柳暗轉花明之間，又一村已然在望。「行到水窮處」，看似一無所有，有如道體的「無」；「坐看雲起時」，當下即生機現前，有如道體的「有」，這不就是老子《道德經》「有生於無」的生成原理嗎？就在「生」出人物自我的「命」中，「成」全人間天下的「緣」。我們的民間傳統，在閒聊笑談間，竟然將儒道之「命」與佛門之「緣」融會貫通，有如天作之合般無縫接軌，這充分展現了文化根土從生活中體現道之神奇而令人讚嘆的民間傳統。

本來，儒道兩家就從人物自我說「命」，而從人間天下說「義」。「命」是天生的實然，「義」是價值的應然。生命的進路，就從實然走向應然的價值追尋，並以價值實現的無限，來安頓實然存在的有限。問題在，價值的追尋總在人物有限與人間複雜中展開。人物是天生命定的不得已，人間是緣起不定的無可奈何。儒家認定父子之親，是父母生成的天生命定，所以家人親情是不可離的；道家直接從「子之愛親」說命，而愛從子女的「心」生發認定，所以說是不可解。此兩家說「命」相當貼近。再看，儒家以為君臣朋友是人間發生的道義關係，在合則留、不合則去的理解之下，認定是可離的；道家看君臣之間的道義責求，在君王權力無所不在的現實認定之下，根本是無所逃的。道家相對於儒家來看，反而更貼近人間現實，或許可離僅就純理而言，然而落在冷酷無情的政治現實，那可真是無所逃的大災難。

人物的存在處境在天生命定的不得已，而人間的存在困局有緣起不定的無奈何，天下帝王家竟以無所不在的政治權力，高舉理之所當然的「義」，責求天下人認同接受。擺出義正辭嚴的權威姿態，以「義正」合理化自己，再以「辭嚴」君臨天下，有如天羅地網般，籠罩在人間世的上空，莊子就說是「無所逃於天地之間」。

何止君臣之間說「義」，所有朋友、情人與夫婦之間的情意互動，也都在道義的價值規範之下。人物才氣天生殊異，人間緣會起現偶然，有緣相會，不一定合得來，朋友拆夥，情人分手，夫婦離異，若真以理所當然的「義」，去責求諸多偶然起現的緣會，把價值標準定在自家，又給出不留餘地的無情批判，甚至直接以「不義」的罪名加在對方的身上，逼出天下雖大，已無容身之地的殺傷力，以理殺人的悲劇正不斷上演。民間傳統以人物天生命定，與人間緣起不定，來給出諒解跟包容，讓「因誤會而結合」的人間男女，容許有「因了解而分開」的自主空間。只要說句「不是誰家不義，而是兩造無緣」，情勢當下翻轉，有如即刻救援般，萌發再生的活力。以佛門柔性的緣起，軟化儒道兩家義正辭嚴而絕不退讓的剛強，在悲憫中藏有釋放對方也釋放自己的絕高智慧。莊子〈人間世〉開出了「安之若命」的救世藥方，安「人間的義」若「天生的命」吧！既無可奈何，就放下吧！認了「命」，「義」就不能再迫害我們了。佛門與道家，一從「隨緣」化解，一從「認命」放下，堪稱所見略同。

民間傳統在談緣說命間，消化三大教並尋求會通的進程中，首要在以佛門的緣起不定，取代儒道兩家君王權力無所不在的道義責求，在不是不義，只是無緣的化解下，解消了人世間情意與道義的緊張與傷痛。此外，另一個大突破在，緣起的瞬間時間停格之主體心靈所照現的美感，落在剎那生滅的流轉中，有定不住也留不下的遺憾。故依據孟子所說：「君子所性，雖大行不加焉，雖窮居無損焉，分定故也。」（〈盡心上〉）與莊子所說：「周與蝶，則必有分矣。」（〈齊物論〉）孟子所說的「分定」，在人性本善，跟人間遇合的窮達不相干：莊子所說的「有分」，在天生本真。不論是周夢蝶，還是蝶夢周，解消自己而融入對方的境界有多高有多美，夢醒時周與蝶終究要回歸生命自我，回頭做自己。

不論是孟子人性本善的「分定」，還是莊子天生本真的「有分」，都不會在人間緣起不定中失落它自己，反而會以自家性分已定的「善」，與本德有分的「真」，來定住佛門隨外緣而起現的不定之「緣」。有了性善與天真的本「分」融入其中，就可以保住每一當下隨緣起現的真實美好，甚至情愛婚姻的「緣」，在「分」的貞定之下，不會僅停留在但願一剎那成其永恆的願景，而可以穿越緣起不定的考驗，而成全一生一世的美好姻緣。

這一長串談緣說命的序論，填補了時隔三十五年的空白。重心擺在民間傳統消化儒道佛三大教的應世智慧，緣起與命定的兩大詮釋系統，看似相反，實則相成，看似分道，實則合流，千古下來，早已一體並行。

就在兩本舊作書市正熱賣之際，「緣」與「命」這兩大生命理念的哲理解讀，已形成風潮。某一天清晨，我來到台大新生南路側門，正等候中央大學的交通車，看時間還早，就走進去閒逛。那是一條水泥鋪成的小路，左側是一整塊寬闊的運動場，我信步而行，走了幾十公尺，發現右側路邊立了一塊路牌，上寫四個大字：緣命之間，我有點意外，不覺會心一笑，想必是那兩本書引出來的靈感創意吧！今路牌早已不見了，而我一直放在心中。主編問我新書要以何為名，我想就以那位不知名的先生，揮毫寫出的四個大字為名吧！感謝他無意間流露的美意。

這三篇舊時的講辭，我邊讀邊改，連改了三回，沒有原稿可進行校對，完全以讀者的角度，跟作者進行心裡的對話，這樣說可以嗎？換個辭語會不會更好一點。反正改自己的文章，有什麼不好意思的，何況主編又給我很大的空間，想必可讀性已提升了許多，舊書重刊，對讀者朋友也說得過去了。

此外，〈說解緣與命〉的其中一節，「諸子百家如何說命」，因為演講現場受限於時間，僅寥寥幾句就匆匆帶過，今重新出書，主編為新書也為讀者請「命」，可否寫詳盡一點，我放開手寫，竟寫了四千多字，已不是一小節，而是一大篇了。故獨立成篇，列在全書之末而以附論名之，正與序論前後呼應，序論講民間傳統，附論則寫學術傳承，「緣」與「命」的兩大生命理念，跟「緣起」與「命定」的兩大詮釋系統，雖流落民間鄉土，卻依然保有學術殿堂的尊嚴。請讀者朋友不要錯過。

目錄

自序　三

I　說解緣與命

Ⅱ 再論緣與命

III 開創緣與命

附論　諸子百家如何說「命」

I

說解緣與命

人生說緣，是要我們在人生過程中盡量地隨緣，而不要太執著，不要太拘限；人生也說命，是讓我們承認生命的有限性，就會有一分達觀的灑脫自在。這兩個觀念本來都是消極且是限制的意義，但是相當奇妙的，在歷史文化的傳統中，似乎轉成一種美感的、神祕的奧藏，所以大家都喜歡談緣說命，而且把自己一生的遭遇行程，交付給這個緣的起，這個命的定。

「緣」與「命」，是人生哲學的一個觀點，二者有偶然與限定的意味。緣重在緣會的偶然，命重在天生的命定，緣說緣會，命說命定；通過「緣」與「命」的兩大生命理念，可以合理的解讀人生的諸多問題。

緣與命落在我們生命的處境上，要採取什麼觀點才是比較恰當的？哲理不是來推斷先天的命理，或者為人間的緣尋求一線牽的神祕鎖鍊，僅僅是就人生哲學的觀點，來分析緣與命這兩個觀念，我們要如何的面對它，才是比較合理，且可以在「緣起」與「命定」之中，走出自己的路來。

緣是偶然，緣起性空

緣，我們的文化傳統老把它跟「分」一起說，叫「緣分」。當然這個「緣」本來是泛指一切人際關係的遇合離散，但更多時候，我們把它往感情、婚姻的終身大事說。緣本來的意思是緣會，是有緣千里來相會的意思；有緣千里來相會，這是一個被美化的說法，實則人我的相會皆屬偶然，萍水相逢，有緣會面，這是人生的偶然。不過，人生的偶然有時候會碰觸一分美感、一點生命交會的火花。偶然大多是一去不再來的，因此我們會對這個偶然的緣會，產生一種難以言喻的留戀，想要留住它，使它成為永恆。

緣本來是佛學的特殊詞語，印度佛學的「緣」，套在「緣起性空」的觀點說，意指這個世界上一切的存在，都是來自諸多外在條件的和合才有的。這些條件一解消，一切的存在就成空了。今日我們在此相會，此後在茫茫人海中是否再相見，恐怕要看他日是否有緣了。

人生緣會就是如此，有緣起，也有緣盡的時候。緣起就緣生、緣盡就緣滅，就從剎那生滅，說生滅無常。佛家通過這個「緣」來告訴我們，這個世界上一切的存在本來都是空的，此謂「性空」，或者說是「無自性」。因為一切都是依外在的條件而成立，外在的條件一消散，任何存在都維繫不住了。所以從這邊說，它告訴我們不要執著世界上的任何存在，一切都是過眼雲煙，一去不回頭，那就是緣的原始意義；「緣起」所以「性空」。你千萬不要執著我們的青春、我們的黃金歲月，不要執著這一段的感情、那一段的因緣，因為它沒有可以支撐自己存在的性，終將成為過去。

佛學的緣起觀，只是要化解我們對世界、對自我、對名利、對情愛的執著，因為執著會帶來煩惱苦痛。諸行本無常，諸法亦無我，世界是生住異滅，人生是生老病死，都是在生滅流轉中。

執著定常，才會有無常感

緣是偶然，不過，有時我們覺得這樣的偶然是如此美好，為什麼不讓它成為必然？男女相見是偶然，所以就佛學義理說既是偶然就放開吧！就從無自性說它是空，既說空就不起執著，就不會傷感。你執著定常，就會承受因無常而來的煩惱。因為人生無常，感情無常，婚姻無常，所以人生是苦。你體悟緣起終究成空，就不會承受世事無常的苦。

我們有我執，就會滋生我慢。我執著我自己，把自己擺在最重要的位置，通過自己畫個圓，自己是圓心，往外做個投射，哦！交遊廣闊，認為圓周上的每一個人都是為我而存在，這是我慢。

世界固在變動中，人的生命也在成長過程中，有執著的人，就會以變動為毀壞，以成長為老死。你看，我們很懷念童年，但童年一去不回頭了，我現在只能欣賞吾家小兒女的童年。看看他們，懷想自己的過去，有感傷，也有喜悅；喜悅在孩子，感傷是自己，真的是一去不復返。我們不執著童年的定常，就不會有童年不再來的無常感。

在不斷成長與變動的世界中，你怎麼能夠執著那一剎那碰觸爆開的火花呢？你一執著的話，它命定是薪盡火不傳了。佛家告訴我們一切都是依外緣而起現，都有緣盡緣散的時候，所以不要執著。執著世界為真，叫「法執」；執著自我為真，叫「我執」；由於你的執著而引起自我的驕慢叫「我慢」；破除這些才會讓生命自在好過。

不執著也就不困苦

因為緣起所以性空，一切都幻化成空，四大皆空，都是空的。人生至此當然是沒有煩惱沒有苦了，你不再執著自我、不再執著世界，自我跟世界都在變動中，都在剎那生滅中，你可以觀照它，這就是「般若智」。照看世界在流轉變動中，你就不會傷感，因為你不再執著了，也就不困苦了。

「性空」是說自性是空的，它不能挺住自己的存在。這一個觀點本是一分達觀的智慧，落在感情婚姻說，今天你碰上了誰喜歡誰，這一刻你喜歡他是緣起緣生，下一刻不喜歡就緣盡緣散了嘛！何苦呢？男女之間的情愛老是以悲劇收場！這一刻是真的，那麼它在一生中就是真的，下一刻你成長、他成長，雙方都已不是昔日的自己，彼此說聲珍重再見也可以無憾，因為在生命史上它已經是真實的存在了。

但是很多人沒有這個緣的達觀智慧，緣盡緣滅的時候，他還是要續舊緣。我們永遠忘不了自己的過去，忘不了生命過程中的某一點，結果把自己一生中所可能的很多點都完全放棄了，只活在過去的某一定點中。從那個時候開始，他已經不再活著，因為他只活在回憶、追悔、感傷中，這樣的話就是迷執。所以要用緣來說，說緣起性空，可以通過生命中無常、無我的覺悟，來消解生命的煩惱苦痛。

但是，怎麼可以讓人生史上這麼重大的緣就這樣的幻化成空呢？這對我們來說，是會感到不安的。所以我們加上一個「分」，說緣分，這是對生命有著積極的肯定。印度的哲學根本精神是求「離苦」，要離開這個有情世間的；反觀我們的哲學觀是要積極地投入這個世間，擔負這個世間。人生是苦，我就投入它；養孩子苦，我養孩子；教學生苦，我教學生。

我們總是要對生命做一個積極的肯定，對人間有一個積極的參與，我們不願意光說一個緣起，分析萬法皆成空，分析這一切的存在都是外在條件的聚集會合而有，所以一切的存在本來沒有自性，它是空的，你就不要執著，它終究是會成空的！由緣起了悟性空，心不起執著，就不會有無常的煩惱，煩惱的寂滅叫「涅槃」，人生沒有煩惱就得到解脫。問題在人不能安於這樣的幻化成空，說名利是空，我們或許比較容易接受，但是感情生命是空，這個歉難接受。所以我們單講緣，心是會不安的。正因為這種達觀我們是不能安的，所以在「緣」底下，我們加上「分」，說的是緣中藏有分。

「分」是生辰八字

緣本是一個偶然，只是一個緣會，一個相遇的機緣。問題在這個「分」，什麼叫「分」呢？假定我們站在傳統的觀點，就把「分」定在生辰八字。過去的婚姻總是要對八字，看八字合不合啊，八字合的才說是有緣，所以這個緣的有，是用「分」看來的。浮面的說，總是要有見面的機緣，才可能產生情意的交會，所以有緣才有分。倘若無緣見面，說此後進一步的發展，那是不可能的。總要有緣會做個開端，感情才會在會通中升進。

在茫茫人海中，總會碰上某一個人，你喜歡他，願意跟他過一生，由此說有緣，是很消極的意思。問題在，茫茫人海中為什麼你會看到那個人？這個就是「分」決定性的功能。

這個「分」，可能是生辰八字，先天的生辰八字有「宿命論」的味道，但可以通過理性來了解。你在什麼地方、什麼時代出生，在怎麼樣的家庭長大，這就代表你的生辰八字跟這個世界發生了關聯。譬如在抗戰階段、國家最艱苦的時候誕生的人，他對人生的想法恐怕跟另一個在歡樂年代出生的人是不一樣的，價值觀很難一致。你的想法他不能理解，他的觀念你不能認同。所以緣分要先看生辰八字，它有道理就在你是否於同樣的年代誕生，在同樣的鄉土成長，就會直接影響雙方對人生的價值觀點。

我的成長過程正處在台灣光復以後經濟最艱困的時候，所以我唸哲學也有命的味道，因為家很窮啊，只能唸公費的師範體系；由南師到台師大，就在國文系的課程裡對傳統文化和哲學引發了真切的感動，這不就是命嗎？你不能告訴我假定讓你從頭開始會有怎麼樣的不同？人間事不可能從頭開始。所以你跟這個世界發生了關聯所形成的關係網，會牽動你的一生。

「分」是生命價值觀

「分」的另一個意思就是我們的家世背景，我們的生命價值觀。我們在什麼樣的家庭中長大，價值觀當然就不一樣，我們所追尋的理想、所操持的原則也會有不同。

比較傳統性的說法，就會對對生辰八字，從「分」來看我們有沒有緣。譬如相差六年六個月，就叫六沖，為什麼六六是天生的沖呢？相差六年六個月會有什麼避不開的拉引牽扯而出問題呢？這一點我不能理解。反正就是我們認為先天條件不合，沒有分也就沒有緣。儘管你相見了，但它把那個相見的緣解消，通過先天八字，通過我們的生命關係網，我們發現這個人沒有辦法和我們攜手共度一生。因為兩個人的關係網出了問題，他沒有辦法跟我融合交會在同一個世界裡面，這兩個網是互相排斥的，因而不能夠交疊在一起，所以「分」不合，緣也就散了。

到了現在，青年男女還是會面對這種問題，有些家庭還是要去對對生辰八字。我不敢說是迷信，但假定要通過理性來說的話，你誕生的年代跟地方，對你的一生來說是關鍵性的。所以有人會選擇自己的孩子在什麼時辰出生，也因此剖腹生產增加了很多。這樣就是悖離自然的執著，就不再是先天的意義，而是你的人為造作。這一人為造作的介入，跟原先本具的命理，恐怕就不一樣了。

從家世背景看生命價值觀，包括志趣相投嗎？才學相配嗎？門戶相當嗎？這也算是一個「分」。在門戶相當、志趣相投、才學相配的條件支持下說有「分」，有「分」而後「緣」才可能成全。人與人之間，就是通過這個過濾網來過濾的，所以我們總是會過濾掉我們不想看到的人，總是不會遺漏掉我們想看到的人。從這個地方我們才發現緣分的真實意義。

我們常聽見人家在談彼此的感情時，總是說「我們沒有緣分」或「緣分未到」，什麼叫緣分未到啊！最簡明的解釋就是在那個時候他看不到你啦！

無緣就是他看不到我

有時候很感慨，自己年輕的時候，為什麼我們喜歡的女同學都看不到我？但想想自己過去那個樣子，恐怕連自己都很難興起賞識之情。她看不到你，所以你的遺憾就是你的好沒能被她看到。

有時候好遺憾，自己這麼好，結果沒有人發現。我們總希望周遭的人能慧眼識我這個英雄，但結果他不但沒有獨具慧眼，就連我真心告白他看也不看！啊——心中浮現的是不足為外人道的挫折感、孤寂感！

事實上，是否看到對方要看雙方的心境，看現場的氣氛，但氣氛不能隨便培養，不然沒有「分」的感情，會在某一特殊機緣中冒出來的。我們要對自己有「分」的人去培養氣氛，對來去匆匆的人則不必那麼強調氣氛。因為心境加上氣氛，會讓人越過「分」，而耽溺於「緣」。

此外，年齡也是很重要的，兩小無猜，青梅竹馬，但是到了某一個年齡某一個階段，你可能不喜歡他了，感覺不到他的好，總覺得他少了一點人文內涵。所以人間男女的緣分，總跟成長的軌跡、當下的氣氛，還有當時生命的情境有直接的關連。所以不是對你這個人做一價值的評估，而是代表那個時候他的生命價值觀有沒有對你開放。實則有緣中已藏有分，就因為有了「分」，才會有看到你的「緣」。

有「分」才有「緣」

再進一步分析，則是「分」來決定你有沒有緣。因為他沒看到你，不管你覺得遺憾也好，傷感也好，他總是看不到你，所以說有分才有緣！緣是不定的，有緣碰面，是偶然的機緣，總要有分，原來的緣會才會凸顯意義。人海浮沉、驚鴻一瞥就過去了，此後可能不再相見，總是要跟他生命中的某些「分」連在一起，譬如說剛好在同一個公司上班，在同一所大學讀書，在同一社團活動。兒時的玩伴，原初的那個緣，經由成長階段的「分」，有共同的關懷與理想，才把那個斷掉的緣接續起來。所以從發生意義來說，是有緣才有分，沒有緣一切都不能說。

從這個觀點來說，人間的理想婚姻根本不可說，因為你不可能看盡天下所有的人，才決定哪一個最適合我，這是不可能，這是人生百年的有限性，這叫「命」。你總是要在你的生活周遭，你的存在世界去跟人家溝通，就在那個互動的情境裡面發現彼此間很相投、很相配、很相當，而且能夠激起一點生命的火花，這個時候我們就認為它是理想的。說最理想？那個「最」請不要說。「最」是不可知的，就像科學家也不可能把人間所有的樹木都看過，才說樹木是怎麼樣，他只能抽樣研究，所以科學也不是百分之百的最後定論。因為它是不完全的歸納，是樣本的歸納。

就像我們在人間世看了這麼多的人，到底什麼是理想，只能就我們的主觀感受說，就我們生活經驗的範圍說。我不可能想像我看盡所有的人，才說誰是最理想的對象。所以人間所謂的理想婚配，根本不能說。不管是誰，都落在這樣的一個有限性之中。

以「分」定住「緣」

我們希望人生遭遇的偶然美好能夠長久，那怎麼可能長久？所以我們才開始講「緣分」，希望通過我們從「心」給出來的「分」，來定住人間的「緣」。

佛學說「緣起」，我們說「緣分」。緣分的意思是，就在這個「緣」的當下，讓生命定下來吧！「分」就是要定下來。人生當然就在緣會中，四處漂泊，萍水相逢，只要志趣相投、才學相當，就可以找個定點定下來。這個定點就是分，正如浮萍往下扎根，不再隨風飄搖，所以「緣分」就是緣會而有分定。說分定就不僅是緣會，就不再江湖漂泊，我們已扎下根了！生命往大地上落，所以要講「分」。

現在的社會型態比起過往有更多的緣，也隨時會有新的緣。譬如同事比太太更了解我，她不會要我洗碗，還陪我喝咖啡聊天，突然之間得到一分珍惜之情，一分賞識的溫暖，生命又開始震動了。兩個人在天涯的一角相互珍惜賞識，這是所謂外遇婚變的開端。

這一來怎麼辦呢？緣分，本來是有緣才有分，我的詮釋是通過「分」來定住「緣」；但我們發現「分」在轉變中，我們的價值觀也在轉變中。夫妻因各自忙的事不一樣，心靈世界漸行漸遠，這個距離如何去彌補過來呢？一旦感到心靈被冷落了，當代流行的問題就出來了，感情錯亂的問題、婚姻觸礁的問題，都一一出現了！所以要進一層規定，有分才有緣的「分」是什麼，「分」是道德感和責任感。能夠穩定我們的婚姻和情愛的，不是靠偶然的緣會、靠當下的美感，而是靠責任感和道德感，根本就在道德良知。

緣會的美感本在道德良知

光把婚姻講成美感，這一點我一直反對。婚姻是一種承諾，是一分責任，它很莊嚴。過去的家族婚姻，就是通過家族來保證，現今婚姻是兩個人的事，離婚太容易，整個社會變成開放性的，而責任感又建立不起來。所以，除了那個先天八字的「分」，那個生命價值觀的「分」，我們還要講道德良知的「分」。

緣是緣會是美感，是偶然的；分是本分是道德，是必然的。所以我們要用道德的本分來定住緣會的美感，通過必然性的道德，才能定得住變動中的情感。所以這個時候我們要做一翻轉的詮釋：要有分才能穩定緣，有道德的人才能穩定生命上的美感，享有人間恆定的喜悅。否則，「分」定不住，一切的「緣」頓成糾結混亂，哪有美感、喜悅可說！

假定我們碰到很欣賞又很喜歡的人怎麼辦呢？是啊！我們總是會碰到很多異性，而這個異性又是跟自己的伴侶不一樣的。每一個人都有他獨特的風格，有他特有的精采，在特殊的情境中就會引發不可思議的美感與難以抗拒的吸引力，接觸一多，問題就出來了。那麼我們是否就不跟異性來往呢？當然不是，一個有分的人才有權去締結新的緣，才能夠放鬆自己，跟不同的異性交往做朋友。我們還是可以開放，但要定得住，才有能力放得開啊！本身定得住，所以才有勇氣放開自己跟其他的異性來往，我仍然欣賞她，仍然擁有這一分美感，但不會混亂彼此原有的分，穩住自己在家庭的分，也不會動搖對方的分。所以真正能夠定得住的人，他才能夠擁有人間偶然相遇的美感，而這一分美感也永遠對我們開放。否則原來的美感維持不了，反而轉成罪惡感，成為心靈的壓力、道德的負擔。

所以有分才有緣，我認為我們堅守這個分，才能夠成全人我之間的緣，成全當初原有的與未來可能有的人間美好之緣。

隨緣不變，不變隨緣

佛家講隨緣，有朋友問我隨緣好不好？我說不行，感情是不能隨緣的，隨緣就是情感的漂流，到什麼地方碰到誰，你喜歡他就跟他結緣，這怎麼可以呢？情愛是不能隨緣浮動。所以佛家講隨緣，底下加了「不變」兩個字，隨緣不變，不變隨緣。我隨緣，但是我不變，我不變，所以我才能隨緣。你本分要定得住，叫不變，我本分守得住，我不變，所以你我之間就可以隨緣，因為我們的分是守住不變的呀！

如果我們的「分」垮掉了，人間的緣也就散了，這叫生命的散落、情愛的飄零。飄零散落就是我們的分定不住了，生命定不住了，交付給人間的偶發事件，讓它來決定我。這樣的人就是隨緣，就是漂泊無根的浮萍。所以我們要隨緣，先要保有不變，而不變的人才能隨緣，我們要用分來定住緣的道理就在此。

所以我們講緣分，分就可以定住，儘管原初是緣，但是我定住了。跟這個人當初相見純屬偶然，但是我決定跟他過一輩子，就是必然。有共度一生的諾言，此後的人生是兩個人共生共成的世界，就在不變中生成。當初我們相見是緣，但是我通過我的分讓它穩定下來，還是有根有本的呀！佛家怎麼說是「性空」呢？我性不空，我有自性，因為我把它定下來，通過什麼？通過我的道德感與責任感，通過善端良知，所以人間緣會既是美感，又是道德，真正是寶相莊嚴。

定得住就要守住本分，守住本分就是一種壓力，大家受不了，只想逃，所以放開最好，隨緣吧！但是隨緣傷害了自己，也傷害了他人。把一段情當真的人，生命有真實感，把它當假的，一生都虛幻不實。不要以為做假的人春風得意啊！做假的人付出他的一生，卻難逃假的終局，認真的人也許受了一點虧，但我們總是真的，所以人間成敗不是那麼容易論定的。認真的人不必存有那分不平感，為什麼我那麼真誠，而他竟能虛假？實則，做假的人是最可憐的，因為他連自己都失落了！

相逢已嫁亦無恨

今天說「緣」，是用「分」來保有「緣」，自古以來，不知有多少情感的憾事，就從「還君明珠雙淚垂，恨不相逢未嫁時」來說，相逢已嫁時又有什麼好恨的呢？所以我認為相逢可以無恨，無恨就是無憾，你一樣可以欣賞他呀！可以擁有距離的美感呀！何須雙淚垂？唉，你不該接受明珠啊！因為你的分已經定了啊！你已經婚嫁了，你就沒分了！你已經定下來，你的根已經深植大地了。

事實上，相逢無恨，又何須還明珠呢？像這樣人際關係的錯亂和遺憾，是不必有的。所以我覺得通過分來定住緣，通過分來貞定未來，這樣的省思可以翻轉人間的複雜。當初喜歡他總是真的，怎麼會變了呢？為什麼不讓當初喜歡他的那段，永遠維持下去呢？何須這一剎那成永恆？每一剎那都永恆。喜歡講一剎那成永恆的人，對生命是不大有信心的，他總覺得要海誓山盟，讓剎那成為永恆，時間凍結，感情也永遠不變；但感情是會成長的，在時間中成長，是屬於創造性的成長。不要憂懼變動，結果取消時間也抹殺成長，把愛情定在人生某一階段的某一點，但這一點並不代表生命的終極，人生活到老、學到老，感情也要學，婚姻也要學。

生命要圓滿，就要付出一生的時間去成長創發；我們就在付出時享有，也在享有中付出，這樣的話，分就可以定住緣，可以成全這個緣。所以不要對道德的「分」那麼排斥，就因為講道德，緣的美感情意才不會散落飄零，才能保有成全。

緣會不定的命感

因為人都在人海漂流中，都在緣會中，所以由此逼出了人生總是不定的感受吧！對於人生我們不能保證什麼，從小到大哪來的保證。就是自己帶孩子也不曉得是否該讓他跟我打網球，或跟我唸哲學，讓孩子走我的路會比較好嗎？誰也無法保證。但是有一點很重要，在放任自在中，總得給他們一點方向感，一分理想性，我們只能做到這一點。反正人生就有那麼多的緣會，世界在變動，社會在變動，人情世故也在變動，你加給他的人生守則，不一定能夠應付未來的變局，因為未來是不可知的，這時「命」感就開始出來了。

人是有道德良知的，生命是可以自作主宰的，但是人卻被拋落在變動的社會中，被拋落在一個糾結的人際關係中，這樣的一個人物投進人間的網羅，他的一生是福是禍，實在很難斷定，這是一個人生遭遇的問題。

這個自然世界在「氣」化中。譬如說颱風來了，是天地陰陽之氣的變化；而人呢？人的生理官能也是陰陽之氣的作用。老子哲學的說法，「萬物負陰而抱陽」，所以人的形體也在「氣」化中。這個氣一方面在流轉，一方面在變動，這樣的人物投入這樣的人間，總是會發生許許多多的事情。發生了這許多事，也牽動了這許多情，我們若把它當事實看，就像我們寫歷史、寫日記，怎麼樣發生就怎麼樣記載，問題是，人是有情的，不能這麼簡單化，它要面對一個禍福成敗的問題。

所以所謂的「命」，就是要預估我們未來的禍福成敗，預估人生的行程是順當還是逆轉，這就是我們對「命」的關懷。

人天生而有「氣命」的限定

為什麼大家講命？命本來是命定的意思，譬如說人總是會生、老、病、死，這是人生的過程，這就是大家的命。因為我們總在氣化流轉中，所以會老死；上帝不會死，上帝是理，沒有形氣，所以不會在時間中變壞；天道是純理，不在時間中，沒有老死的問題，沒有病痛的問題。

再說，天道跟上帝沒有人際關係，它不必在人間做人，沒有家室子女的親情問題，沒有人我友朋的道義問題，沒有就業的問題，沒有升學的問題：所以做人實在很難。我一直說，做上帝很容易，做人才難，你看有這麼多問題，你今天對太太好，媽媽不滿意，對媽媽好，太太不高興，把一個大男人逼到不知如何是好，最後只有離家出走一途，這是人間的複雜性。所以人生是人物走入人間，人物有限走入人間複雜，這就是每個人的人生問題，這叫「共命」，屬於大家共同的命。

不管你是王永慶還是王邦雄，總是人生百年。人生百年，永遠面對老死、病痛的問題，這是大家共同的，是我們的共命。我們生活在台灣的土地上，可以預見的，我們將面對共同的命運。

就像墜機事件發生，搭上那班飛機是不是一個偶然？當初不出國玩就好，或應該訂另一班飛機……這些都是後話，要不要搭那班飛機，有人搭上去有人沒搭上去，這是殊命而非共命。人總是會死的，這是共同的命；空難失事，一定會死，這也是共同的命，但是你有沒有搭上那班飛機，這是殊異的命。算命就是算那些殊異的，共同的還要算嗎？共同的命，我們寧可交給科學家、病理家去研究，病痛的問題經過醫療科技都可以處理。但是你是否搭上那班飛機，那完全是偶然的，你可以搭上，也可以不搭上。假定在訂票或上機之前先去算命的話，我的一生是否就此改觀呢？

有共命有殊命

我們的傷感，不在於人總是會老死的，心中所不能平的是，為什麼會搭上這班飛機？多少人發生問題都會問，為什麼不是別人而是我？真是無語問蒼天。所以共命是可以預測、可以推算的，譬如颱風要來了，氣象台會發出預報，讓我們能避開不測風雲的天災問題，這是共同的命。

但是屬於殊異的命，則是不能推算的，因為殊命是從緣而來的，完全是偶然的緣會帶來的，它背後沒有「分」，不因為你是好人或壞人。就好像墜毀的飛機，好人一樣搭上去，政府官員、熟識的朋友也一樣會坐上去，這是氣命之下的殊異的命，不是共同的，不是屬於做一個人一定有的。

上帝純然是「理」，「理」純一精粹，沒有人際關係的糾結，沒有形軀的困限，它不要擔負病痛、老死，避開人間的紛擾，道德的責任問題不是上帝的，因為它純然是天理流行；但是我們有「理」也有「氣」。我們若沒有理，那也就算了，可以飛禽走獸般地過活，人有「理」就得擔負「氣」，「氣」是有限而且是複雜的，因為氣有清濁，氣比較混濁的人叫「性情駁雜」。一「雜」就「亂」，所以我們要修養，讓它精純，生命比較不出問題。若不做修養工夫，「氣」就會錯亂。

我們有生命之「氣」，是人人本有的限定，不過，自古以來所關心的「命」，是指那個特殊遭遇的禍福問題。共同的本質問題由科學家去研究，通過學理的探討，有物理學、化學、生物學，有生理學、心理學，還有地質學、天文學都出來了，因為這是所謂的「氣」命問題，太空、宇宙等上天下地的自然現象都可以研究。但是屬於每一個人特殊的遭遇，那只能寫傳記傳奇，是不能研究的，因為沒有定軌律則可循就無法預測，而我們卻想預測先知，就因為未來不可知，所以才想預測。

命是可以預測的嗎？

我們去占卜，就是想對不可知的「命」有所知，這是屬於個人獨有的特殊遭遇，充滿了神祕的、未知的意味。命本來是不可算的，我說不可算的是指殊命，共命是可以推算的，那是屬於自然科學研究的範圍。殊命本來是不可算的、不可知的，但是我們又想要有所知，因為我們很難把自己的明天交付給渺茫不可知的未來。

今天晚上可以安心睡覺，是因為我們知道明天太陽還是會從東方升起。記得在師大讀書的時候，蘇俄載有核子彈頭的戰艦開往古巴，甘迺迪總統下令美國軍艦截擊，所以當天臨睡前，我們根本不曉得過了今夜，明天世界會以何等面貌出現在我們的眼前。只要電鈕一按，人類的命運立即轉變，而按或不按不是由我們決定的，也不必經過任何人同意。它沒辦法預知，但是我們又想推算一番，所以我們就可以從本來不可知，又想去推算去關懷的這個地方，來發現生命本身的莊嚴。

我覺得算命很能顯發生命的莊嚴，人之獨有的殊命是不能算的，但人總想要去預知、去推斷，代表我們對生命的深切關懷。我們在算命中關心我們存在的世界、所處的時空背景，推算我們可能有的遭遇。這個特殊的遭遇，不是事實真相的問題，而是「福報」的問題。「福報」是問我此去吉凶如何？成敗如何或禍福如何？這才是我們關心的重點所在。

事實永遠是事實，搭上飛機，要嘛就飛抵目的地，要嘛就在中途出事，中途出事是怎樣的結局，飛抵目的地又是怎樣的情景，那是一定的，這是事實的問題。但是我們要知道的是：我搭上了，而它又不出事，這就是屬於福報的問題。

德行不等於福報

福報的問題本來是屬於宗教的界域，譬如說，我們祈禱上蒼、拜求菩薩，就是希望在渺茫不可知的未來，菩薩保佑我，上帝給我力量，因為我實在不知道明天會發生什麼事。這不是明天太陽會不會出來的問題，而是儘管明天太陽出來了，我會不會在光天化日下掉落深淵的問題。

福報是神對人間善惡的審判與賞罰，上帝的權威與意志，依據人的德行而給予應有的報償或懲罰。佛家講因果業報，它通過你自己種下的業「因」來決定你的「果」報，這是所謂的三世因果，你的上一世決定你這一世，你這一世又決定你的下一世。

福報的問題才是我們對「命」的真正關心所在，我們不是關心世界真相的問題、人生歷程的問題，而是關心在共同的世界、一樣的人生過程中，每一個人獨特發生的，他的吉凶問題、他的禍福問題、他的成敗問題，這才是「福報」問題。

儒家講德行，德行本身就是目的，不是為了福報。做好人也許得不到好報，但做好人本身是對的，我就做了，這叫「直道而行」。我認為應該做的就去做。生養兒女，不必是為了將來兒女可以孝養我，只因父母愛子女是天倫，我就承擔這份愛，不管未來的福報，子女是否孝養我，我只管當下的德行，應該做的我就做。

儒家析德行與福報為二的觀點，讓人有缺憾感，因為好人可以沒有好報；或許做好人不為好報，但好人未得好報畢竟是人世間的大缺憾，這叫福德不圓滿。「福」和「德」破裂，有德的人卻沒有福？所以我們的祈求該是：菩薩，讓有德的人有福吧！讓天下有德的人都有福吧！這才展現宗教的莊嚴，與宗教的正義。

求保佑就是福報問題，讓「福」和「德」一致，這是宗教的圓滿。人間的政治法律所帶來的不公平，在宗教得到補償，所以有最後的審判，有三世的因果，不是不報，只是未到。

有交感有變通才能成長

我們不講「救贖」或「業報」，而是通過《易經》來預估「命」的吉凶。《易經》告訴我們這個世界是怎麼樣的世界，它找到組成這個世界的八種基本現象：天、地、風、雷、水、火、山、澤，這叫「八卦」。它用八卦來表象構成世界的基本單位，這是靜態的。但是我們面對的世界不是單一不變的，而是雜多變動的，怎麼變動？是因為這八種基本單位的交互疊合所產生的感應，有交感才有感通；有感通才有變化，有變化才有成長，不然的話，這個世界僅是靜態的，沒有生命的。

夫妻兩個人在家庭裡，彼此不說話，互相不感通，孩子變成傳聲的第三者：「跟你爸爸說怎麼樣」，「跟你媽媽說怎麼樣」，這個不大好。過去我們說「孩子的爸」、「孩子的媽」，孩子是父母的中介，以雙方生命共同的交會點做為溝通的橋樑，因為以前的人不大直接傳達感情，總是很含蓄。所以只要我們帶小孩出門，很容易跟天下人打成一片，叫聲「阿姨」、「叔叔」，立即打破尷尬的人際關係；你自己一個人出去，就很難跟人家打破僵局，因為沒有通路呀！

所以我們不喜歡大人，而喜歡嬰兒，老子說「復歸於嬰兒」，嬰兒的生命、感情，隨時開放，隨時感通，為什麼？因為他會生發一種感應的力量，為什麼感應？因為他不大有自己，所以會感應到別人，我們老是把自己擺在第一位，所以人家就被你嚇跑了。你「自我中心」擺在那個地方，對方只有退避三舍。假定世界或人間是一個靜態的話，就不會發生交感，沒有交感，就不會有變通，不會有成長。

《易經》講的道理就是把天、地、風、雷、水、火、山、澤的八卦，每一卦有三爻，重疊就成了每一卦有六爻的八八——六十四卦，宇宙自然就在這八種基本單位的重疊、交感中，來推動它的變化和成長，所以世界是變動的。

我們很早就有「動態的宇宙觀」，就是發現「時間」。以前西方人看到的世界是靜態的，天堂是永恆不變的，《易經》的世界觀認為世界本來是生生不已的，這個健動不息，就是來自天地基本單位之間的交感，來推動它在變化中成長的行程。

卦時和爻位的時空座標

《易經》在解釋人事吉凶的時候，它通過卦，卦代表時間，比如說〈乾卦〉，〈乾卦〉是健動不已的，卦辭是「元亨利貞」，「元」是說它有創發性，「亨」是它可以通向萬物的變化，「利」是給出整體的方向，「貞」是定住萬物的存在，也就是「乾道變化，各正性命」的意思，所以〈乾卦〉之兆在開創生成。〈艮卦〉的卦象，上下皆「山」，「山」亙立當前，你無路可走，兩「山」疊在一起，〈艮卦〉卦義就在靜止：意謂此路不通，行不得也！因為兩山並立，彼此不相往來，所以你卜到這個卦，代表在這一時段不是適合你採取行動的恰當時機。因為六十四卦是代表宇宙持續變遷的進程，六十四卦代表六十四個不同的進展階段，進展的階段都在時間之流中，所以時間很重要。

六十四卦代表時間，你卜到什麼卦，問的問題是凶是吉，它通過這個來說。另外，構成一個卦有六爻，爻代表空間，它有初爻、二爻、三爻、四爻、五爻，還有上（六）爻，然後每一爻分「陰」和「陽」。這六個爻代表不同的位置，卦時爻位就是我們的時空背景，我們就在某一個時間，在某一個空間出現，這會決定你可能的遭遇。

搭公車時，你就會了解時位很重要，你能否搭上車，跟你出門的時間與所站的位置，有決定性的關聯。當然還要看司機先生是否合作，他剛好把車門開在你的面前，你義不容辭第一個就上去了。天地風雲之際會，你也不曉得為什麼突然你成為混亂情勢中闖關成功的第一人，這就是「吉」。

像我女兒趕在上學時間，她又聽媽媽的話，不要跟人家擠，就站在後頭等，等到最後一個，她要上車，車掌小姐就把車門拉上，說請坐下一班。她不知等了多少班的請坐下一班。後來我路經那個地方，時間已八點半她還站在那兒痴痴的等，當下緊急下車，因為八點上課呀！問她為什麼？她說：她叫我坐下一班嘛！女兒那時是小學二年級，還不大懂得位置的重要。後來我跟她說：你一定要跟人家排隊，總會輪到你上車，可別每次都站在最後面，然後人家一說：請坐下一班，你就聽話，那豈不是永遠都上不了學麼！這是時位問題。

以〈乾卦〉六爻為例

〈乾卦〉第一爻初九，爻辭是「潛龍勿用」。這是屬於人生潛藏的時期，不可在求學的階段就想開創事業，打出一個局面，這叫「潛龍勿用」。

第二爻九二，爻辭是「見龍在田，利見大人」。此時龍已冒出水面，升上大地，正是事業啟動要有作為的時候，有待老師、朋友，甚至整個社會的提拔、支持，這叫「利見大人」。

第三爻九三，爻辭是「君子終日乾乾，夕惕若厲」。第三爻在下卦之上是乾，又接乾之上卦故曰「乾乾」，此時已嶄露頭角，要用心，不可自以為得志！不管早晚都要警惕，「厲」是危難，就好像危難隨時都會到來一般，叫「夕惕若厲」。

第四爻九四，爻辭是「或躍在淵」。你可能跳上更高一層，也可能跳不上去，就掉落在上下卦之間的深淵中，這在人生成敗上，是一個重大關鍵，你是否穩得住，是否上得去，端看你在第四爻的位置能否穩立而前進。「或躍」，或許你可能跳上去；「在淵」，或許你可能掉下去，這是危疑不安的階段。

第五爻九五，爻辭是「飛龍在天」。像一條龍直飛天上，那是屬於人生的最高峰，故皇帝說成九五之尊。

最高一爻上九，爻辭是「亢龍有悔」。龍飛上頂端，就要掉下來，所謂「劇憐高處多風雨，莫上瓊樓最上層」，這是「物極必反」的律則。這一警句說的是袁世凱稱帝的鬧劇。

你做事業嗎？你談感情嗎？你論婚嫁嗎？請你依照六爻的位置逐步前進，不要跨越，「見龍在田」就想「飛龍在天」，是飛不上去的。開端起步要「潛龍勿用」，男女交朋友不要太有明顯的動機，好好做學問，好好表現自己，真誠踏實，人家自然就會看到你，也許剛開始看不到你，日久天長總會看到的，這就是「見龍在田」。

他看到你了，可以和你促膝談心；再來就要「終日乾乾，夕惕若厲」，不要以為已經得到對方的賞識肯定，而要自我惕勵、健動不息；學業完成由內卦升上外卦，這時面對「或躍在淵」的考驗，一方面要能「躍」，本著理想往上升；一方面要警惕自己不要掉落於淵；

如是總有一天會「飛龍在天」，在事業成功之際，可別「提刀而立，為之四顧，為之躊躇滿志」（借用莊子語），否則難逃「亢龍有悔」的終局。

人生的成長過程，也有它相應的位置。在世界的動變中，你有你的時段，你有你的位置，卦是時，爻是位，有卦有爻。《易經》有卦辭有爻辭，你占卜的時候，卜到哪一卦、哪一爻，就由卦爻論斷吉凶，卦爻辭就是吉凶判斷的記載和意義的解釋。

由卦爻斷吉凶

卦爻辭對你這個人在這個時段、這個位置，機會有多少作一預測，作一判定。這是通過占卜說「命」的一個客觀的根據。六爻可分成三段，上二爻是「天」，下二爻是「地」，中二爻是「人」，天、地、人三才正象徵人在天地間的格局。

《左傳》有一句話：「民受天地之中以生，乃所謂命也。」一是說人就在天地的交感變動間過活，這就是所謂的「命」。人活在天地間，一生的遭遇離不開客觀的時空背景。你一定要意識到，你在什麼樣的時空，可能面對什麼問題，你的機會有多少，不要以為有奇蹟出現或情勢突變，《易經》的命理是理性的思考。所以卦爻辭有意義，就在它告訴我們，人在時空中的某一個時段、某一個位置，成功的機會有多少的問題，這就是福報的問題。不是交付給宗教信仰，交付給神來做決斷，而是看我們對客觀世界的認識，對人生處境的反省，凡此皆屬理性的思考與主體的回應。

當然，占卜是先問神後卜卦，因為我很難斷定我當前的處境和機運在哪一卦哪一爻，所以就跟宗教結合，求神之後再問卜，由神指點，透露兆端，來看你的吉凶如何。由於神道介入，把原屬理性預測的易理系統，加進神道信仰的成分，已不是《易經》的本來面貌了。

占卜的「占」，就是上面一個「卜」，底下一個「口」，我去卜卦了，然後用我們的口來解釋它的吉凶，就是「占」。問卜的時候，就會顯露一種徵兆，譬如說龜甲、蓍草，好像天地間透露出一點神祕的訊息給我們，我們通過這個神祕的訊息，預見我們的未來，這個時候就開始加進一些神祕的力量進來。

本來《易經》是理性的認識世界的變化，它推衍出宇宙變化成長的歷程，這六十四卦的成長歷程就是我們所處的時段，而每一卦的六爻，就是我們所居的爻位，由此來看，我們關心的是在這樣的時段和爻位裡，我們能有多少機會？這就是通過占卜說「命」的一個客觀的根據。

求神問卜的主體關懷

當我們想去算命的時候，你大概正面對難題或掉落困境。命運的凶主要是我們不大關心自己，什麼都不管，平時不檢查身體，生病也不理，開車不專心，讀書不用心，才會發生問題。當你願意跟他人討論自己的命運，這代表你已真誠的關懷你自己了，這份關懷就給出生命本身開發的力道。關懷就有愛心，做事就有力量，我關心學生，學生學得好，關心孩子，孩子長得好，關心朋友，朋友在事業上一定有進展，這是必然的！我開始關懷我自己，就會為我的未來展現它的曙光，這叫做「主體的關懷」。

算命所以有意義，一方面是認識我們的客觀處境，另一方面是生發我們的主體關懷，自覺透顯主體的生命創發力。在客觀處境的認識掌握，和主體關懷的開發之下，人一定會走上生命的坦途，我們的生命也會開始改觀。所以算命從這個地方來說，它是有意義的。人想去算命，問吉凶，一定相信有個「命」在決定我們，它是不可知的，它又決定我們，所以我們希望能預見端倪，可以趨吉避凶。但是老實說，我們也不大希望人家把我們的命算得一清二楚，這是人的矛盾心理。

果真有一本天書，可以讓你翻閱你一生的行程，有如批流年般把你可能的遭遇預先演練一番，你想這怎麼活得下去呀！一定很沒趣味吧！它把你生命史上的每一分每一秒，你遭遇什麼人，發生什麼事，有如氣象預報「晴時多雲偶陣雨」都一一說盡，那明天就缺乏神祕美感了。倘若電影預告片把所有精采關鍵的片段都演出來，你還去看嗎？

對於我們的「命」，你想去算算看，又不想被洞澈無遺，因為我們總是希望明天是不可知的，它才有一點美感，一種挑戰性與一分神祕、奧藏。我們就靠著這一美感、挑戰性與奧藏而活下去的。

假定我們預知此後的每一天都是過一樣的日子，你真的會受不了，我們面對柴、米、油、鹽會累，就是這個原因。你展望一生都在柴、米、油、鹽中打滾過日，生命就這樣緜延無盡，會有什麼意義？生命沒有價值感，就算長生不老又如何，生活品質的重要性由此可見。我們又想算命，又不想被算定，所以算命都點到為止，透露一點消息，展露一點希望的光芒，這叫恰到好處；「批流年」就不免言之太過了。算命是意謂對「命」的關懷，對未來的期許，這樣的話，算命還是主體生命的自我開發，不只是美感而已。

命運與運命

我講「緣」，先析辨是由緣來說分，還是從分來說緣；講命，也當問是「命運」呢？還是「運命」？慨歎人生我們都會說命運使然，因為命裡注定，所以我的一生就被這個「命」給運走了，我的一生被命所決定，命把我運走了，這叫「命運」。是呀！我們都有「命」，成長的過程、讀書的環境、就業的條件，還有此生的遭遇，你所碰到的那個人對你的一生可能扮演很重要的角色，如此看來，我們一生顯然被命所運，這就是「命運」。

我一直在想，我們能否反過來說是「運命」呢？「運」本來是指氣運的意思，我現在的解釋是由我來運這個「命」。「命」，人人面對而不可逃的就是命，「死生有命，富貴在天」，譬如說，排行老幾會決定你的命。

我哥哥老大，他只唸小學，我是老二，結果我有機會唸上來，不因為才智，哥哥初中聯考也考第二名，但因為他是老大，必須負擔家庭經濟的責任，所以沒能繼續唸書。我們家兄弟姊妹有九個，這是爸爸媽媽的「命」，然後排行也關涉到我們兄弟姊妹的「命」，下面的妹妹妹妹都唸大學，上面的姊姊都沒有。我們過去都是哥哥姊姊帶弟弟妹妹，不是光帶，長大以後還要負擔家計，培植弟弟妹妹，所以憂患意識很強，哥哥現在生意做得很成功，他才小學畢業，哪裡像現在的大學畢業生，不曉得該做什麼。這就是人各有命，而運可以扭轉。

但是我們能否對這個命有一點突破，一種扭轉？那就是由我來作主，不是命來運我，是我來運命。有的人說：研究易理的人，大多不得善終。不知到底為了什麼？唯一的解釋是洩露天機，承受天譴。人家為我們算命、排生辰八字，都會索取紅包圖個吉利，因為直道而行、率性而為是天理，算命則是魔道。

突破命限的生命開展

我的想法不同，倘若全幅生命在推算命理，在觀測未來，人的生命會漸漸歸於清冷，他老是不定，老是要觀情勢而動，漸漸地對自己不再有信心，總是徬徨，總是徘徊，總是預測。就我們來說的話，我不必算，但是我總在做，我直道而行、率性而為，所以我的生命自然就有一種正氣。更真實的說，一個人只要生命莊嚴的話，牛鬼蛇神都要避開的，你生命虛欠，牛鬼蛇神就闖進來。每天在觀測、推算命運的人，他就被這個「算」所決定，沒有自信也不再相信生命具有道德的創發力，他只關心吉凶、成敗、禍福，這樣的話，他失去生命的理想性，失去開創生命前程的原動力。這是我的解釋，老是算命的人，真性情逐漸流失，轉成權術。

我說主體的關懷很好，但千萬不要流為權術，每天只看際遇如何，客觀情勢如何，而失落生命主體的擔當與創造力，這是絕大的損傷。所以我提出一個「運命」的觀點。我們不要光講「命運」，為命所運，被命運走了，被命所決定了，這叫「命定論」，或說是「宿命論」。命是一個限制，但任何限制中，我都可以讓這個限制轉成很有意義的承擔。

舉個例子來說，以我的身高打籃球大概不行，但打乒乓球則很順暢！有沒有想到，我們的缺點也可能是我們的長處呢！你從窮苦家庭出來嗎？窮苦對你是很大的磨鍊，我不是歌頌窮苦，但是不要怨，任何情境總是會讓你成長，感情的挫折也一樣，那代表我們不夠好，他看不到我的好，要更奮力上升一點，何必去怨怒對方？毀了對方？這樣叫「運命」，運命就是通過自己的理想性與創造力，對自己的限制有一種突破性的開展。

緣會不複雜，生命才單純

「緣」是一個緣會，「命」是一種命定，我們很容易讓偶然來限定我們，所以做一個人要在「緣」裡面去講「分」，在「命」裡面去講「運」，我用道德的「分」來定住這個「緣」，用我的生命主體的「心」來運轉這個命，這是人生路上很重大的覺醒。

很多人為了增強自己的機會，所以廣結善緣來保障自己的命，好像我們的緣會越多，然後活出生命美好的可能性就越高，依我來看，適得其反。

有時候我建議很多朋友不要摩托車載著一家人出門，也不要全家人搭上一個很具危險性的交通工具，這樣是有一點孤注一擲的味道。但也不能因為欠缺安全感，希望自己的命能夠擁有更多的機會，更多的保障，就讓自己的外緣複雜化，造成人際關係的糾結，這剛好造成今天最難以解開的難題。

我的想法是：緣會少一點，你的命就會單純一點。偶然固然會決定我們的命，「緣」起不定的「命」感，就是我們經常會被偶然所決定，這個我們一定要面對。所以我才說：我們要用價值感和道德心來定住那個緣，來成全那個緣。用我們心靈的創造力來扭轉我們的命運，這樣我們的人生才會有價值的必然性。

當代出外人太多，飄零感太重，失去了安全感，所以老是希望開發更多的緣，來保障自己的命，實則正好造成更多的問題。人的緣會不要過於複雜，讓命能夠單純、乾淨一點，這樣的話，人生路上比較能夠走出合理的坦途。

II

再論緣與命

人生有緣有分，我們要由「分」來定住「緣」，用「分」來成全「緣」；而且人生有命有運，我們要「運」我們天生的「命」，而不是聽由「命」來「運」我。人生總不能被命牽著走，當該用我們的心來扭轉、運轉我們的命吧！緣會是不定的，也得讓我們的本分來定住、來成全它吧！

我們的人生過程可能承載了太多太重的艱苦和悲愁，儘管我們想振翅高飛，也有所不能啊！所以在人生的行程中，會顛沛流離，有如落葉的飄零，我們可以翻轉的希望在哪裡？我們可以啟動的動力源頭在哪裡？可以定住、運轉的能量要從何而來？

或許很多朋友會有這樣的感懷：「我想定，但是定不住啊！我想運，但是轉不來啊！」這就關涉到我們面對人生的「命」與「緣」時，要從何處去開發它內在動力的問題？如何運轉，如何定住，總是要有根源性的力量，不然的話，還是命中注定，依舊緣會使然，那麼人生的行程就成了無可奈何！所以多少無奈，多少困惑啊！

有情人是前生注定

《老殘遊記》裡面有一句話，算是最後的臨別贈言：「願天下有情人，都成了眷屬；是前生注定事，莫錯過姻緣。」人生而有情，既生而為人，誰能無情？為什麼說「有情人」呢？「有情人」顯然說的是兩心相許、情投意合的人。人生誰非有情，人生誰沒有眷屬？可見「有情人」是指涉在人際關係裡面，兩心交會而生命感通來說的。那為什麼說「是前生注定事」呢？把「有情人」說成是「前生注定事」，它真正的意涵是什麼？我想那是意味著由氣味相投，才引生兩情相悅的吧！

為什麼在人海茫茫中，他們會互相吸引，會兩情相悅呢？一定是他們生命的「氣」有彼此感應的地方。天生的「氣」有感應，這不就是「命」嗎？「命」就是天生而有的氣質之性，而人人特有的氣質性向，會生發出彼此感應的力量，所以他們成為天下有情人；他們互相看到對方了，彼此吸引，這樣就是「天下有情人」了。而這樣的天下有情人，是前生注定的。

「前生注定」就是我們天生的生命才氣，天生的材質性向，兩者之間有神祕的吸引力，這樣的「氣味相投」，會由相知而相惜，這叫

「兩心相契」。有情人當然應該成眷屬啊，情意的完成就是走向婚姻，走向地毯的那一端，那才有感情生命的圓滿，共同體現的美好，所以應該成了眷屬，不只是「願」而已。

但何以又說了一句「莫錯過姻緣」？這又產生了一個問題，儘管是前生注定事，但是不一定在人間成就了他們的好姻緣，天下多少人有命無緣啊！天生的「氣」他們是相投的，是互相吸引的，兩個人的情意可以感通契合，但是在人間社會裡面，這樣的一段姻緣不一定能夠完成。我想我們老是說緣，最重要的原因在此。

有緣無命，有命無緣

我們會碰上氣質相應的人嗎？你要先有相互感應的「命」，而且在人間有緣碰上，才可以修成正果，成就一段好姻緣，那真是難上加難啊！這樣說已包括了三方面的問題了：第一個是我們的性情、氣質相投嗎？第二個是我們會在人間相遇嗎？第三個是「有情人」的心修成了嗎？

這樣的問題，我們要逐一去面對理解，且從重要感的價值根源來說，先後理序要做一翻轉。第一是有情人的「心」，此從「心」說「情」；第二是人間的「緣」，從人間說緣會；第三是「氣」質的相投，從「氣」說「命」，是從天生的「氣」命說。統合來說，我們的心落在某一個形氣裡面，而這樣的形氣又有它特殊的氣質；這個特殊的氣質要落在人間社會中，去找到跟我們相應的人；有了互相感應的氣命，才會有人間的好姻緣。問題在，有命不一定有緣，這叫「各憑造化」了。

記得在《紅樓夢》裡面有這樣一段話：「假如說沒有緣的話，偏又遇著她；假如是有緣的話，為什麼落空呢？」這當然是講賈寶玉和林黛玉的情愛世界，所以說一個是水中月，一個是鏡中花。水中的月，鏡中的花，如夢如幻，抓它不住，幻化成空。賈寶玉是一塊頑石，女媧煉石補天，他剛好無才不能補天，所以是被天地遺落的頑石。但是他通靈，又是女媧煉出來的，有如天地的逸氣，就東飄西蕩，看到一株乾枯的絳珠仙草，他用甘露去灌溉她，那絳珠草是林黛玉的前身，她要還報這塊頑石的深情，而甘露就是淚水，她一生注定要以淚水來還報賈寶玉。整部《紅樓夢》就是這樣一段姻緣，命本如此，儘管在人間有緣，也不能長在一起，那一段姻緣不過是淚水還報而已。

薛寶釵有一塊金鎖，賈寶玉有一塊通靈寶玉，好像他們的「命」已有先天的神祕感應，但是在人間呢？薛寶釵和賈寶玉還是沒有成就他們的好姻緣。為什麼無緣，因為賈寶玉先看到林黛玉。我這樣說的意思是：人間有緣，卻天生無命；而天生有命，卻人間無緣。命與緣之間的互動關係要如何解說？

我希望通過緣與命的貫通，來解釋人生的福報問題。在《紅樓夢》裡，賈寶玉說他和薛寶釵那八字是一對，因為寶玉和金鎖各刻了八個字，而那八字是一對。八字一對，我們算命不是算生辰八字嗎？八字是對上了，在人間卻依然成不了好姻緣。

是算命還是算緣

這邊有一個觀念有待澄清：當我們說要算命的時候，事實上我們不是去算命，而是算緣，傳統上常把這兩個觀念混在一起，因此必須加以釐清。

卜卦算命，問的是我明天的福禍、吉凶如何？所以事實上不是算我們天生的命，是算我們後天的運，也就是在人間的緣。我會碰上貴人嗎？巧遇氣質相投的人嗎？相遇的時機對不對？成功的可能性有多少？所以世俗所說的算命，不是真的在算人物的命，而是算我們在人間的緣會。

本來，算命是算我這個人天生的條件好不好，條件好脫穎而出，就是命好；條件不好競爭不過別人，就是命不好。我天生的條件，包括長相、才氣等，是所謂的氣質；而這樣的氣稟材質，總在生發作用，是為氣運；氣質的運轉有自己的行程，且走向一定的結局，這是氣數。由氣質開氣運，再由氣運定氣數，這是先天的命理。

任何天生的命，都要從後天的緣來論定，氣質是天生自然，氣運則有後天人為的遇合問題，所以氣數是先天條件與後天機緣的統合。不是我這個人天生的條件怎麼樣，我後天的人生機遇就一定怎麼樣，很多人老是焦慮自己的運途如何，關心吉凶的定數如何，而少有人會從自己的氣質，去思考氣運的行程與氣數的結局，結果只有另請高明來為自己的未來推算一番了。

現在讓我們把它釐清出來，通過氣性來說命，說是「性成命定」，它的意義是說：我們在人間的遭遇，是通過我們天生的氣質來決定，用我們天生的氣命來解釋人生的緣會。

用氣為性，性成命定

我們就從天生的氣來說命。氣有陰陽二氣，而陰陽二氣是兩極對反，就好像天上的太陽與月亮，人間的男與女，性格一剛一柔。但是陰陽一方面是站在對反的兩極，一方面卻是彼此交感，所以它本質上是相反的存在，互動上卻可以有相成的作用。男女相反，卻可以相成，剛柔相反，也可以相成。

人天生的氣，總說就是陰陽，陰陽雖是相反，但就在相反中相成。就好像說太陽與月亮、天與地，彼此交會感應，成就宇宙中的美；人間男女，彼此交會感應，成就人間的美。儘管相反，總是相成。人天生的氣，在王充這位哲學家的看法就是「用氣為性，性成命定」，我們天生的氣就是我們的性，這樣的性叫氣性，氣質的性。我們天生而有的氣質，會決定我們人生的行程，這叫命定。性成是指你天生的性向才情已定，命定就是說你人生的遭遇已定。換句話說，你是怎樣的一個人，就很可能碰到什麼樣的事，兩者結合而成什麼樣的人生。我們天生的氣質跟人間的命運直接關連，這是漢儒王充的觀點。

所以假定你要問人生的命怎麼樣，要先問你天生的氣怎麼樣？人生的命好不好，是由我們天生氣質的清濁厚薄來決定。我想生物學、遺傳學的學者，可能會接受這樣的觀點。我一生的行程還不是我天生的氣質所決定的嗎？我天生的聰明才智夠不夠，反應靈不靈敏，牽動我是否繼續唸書深造，是要走理論這條路，還是要走實用的那條路？人生所走的路是由天生的氣質來決定，所以從氣質來說命運。

陰陽相反相成，五行相剋相生

氣有陰陽之分，講陰陽之外，我們又講金、水、木、火、土的五種功能。古希臘和印度也講地、水、火、風或地、水、氣、火，我們講金、水、木、火、土，多了一個「金」。「金」是一種被開發出來的寶藏，所以我們的文化特質多了一個「開發」的意涵。

陰陽相反，但可以相成；五行相剋，但可以相生。金、水、木、火、土的相生相剋怎麼說？「比相生而間相勝」，比鄰的兩個是相生的關係：金生水，水生木，木生火，火生土，土生金。道理何在？金銷熔不是變成如水般的液體嗎？水不是可以滋潤花草樹木嗎？木一點燃不是可以生火嗎？火燃燒不是成為灰土嗎？而礦藏土中不是可以開發出金屬嗎？這是相生。一間之隔的是間，此空過一格的兩個是相剋的關係：金剋木，金屬可以鋸木；水剋火，水可以澆熄火；木剋土，木植立在土中；火剋金，火可以銷熔金；土剋水，土可以擋住水。這是相剋。

我們不能單說是我們天生的命不好。我天生的才氣怎麼樣，人生的機遇就怎麼樣，這還是由命來說緣。人生的緣，人生的遭遇，是我先天的命決定的。父母親怎麼生我，我的人生就怎麼活。但是我們可以反過來看看，陰陽不是相反，但是可以相成嗎？金、水、木、火、土相剋，但也相生啊！「性成命定」是王充的宿命觀點，五行「比相生而間相勝」，是董仲舒為我們找到的一點生機。

《墨經・經下》裡有一句話：「五行無常勝，說在宜。」在五行金、水、木、火、土之間沒有哪一個一定是最好的，理由在什麼地方？就在它是多種功能的互相感應。相生相剋，沒有說我天生是金、天生是水、天生是木就是好，或一定不好。算命的時候說這個人的生辰八字缺金，所以在姓名學上就給他三個金的「鑫」，缺水就給他三個水的「淼」，缺木就給他三個木的「森」，缺火就給他三個火的「焱」，缺土就給他三個土的「垚」。補足了八字的欠缺，就可以讓生命的能量平衡完足，藉由後天的彌補，跟先天的命產生「相生」的作用。所以我們要了解：儘管陰陽二氣是天生的，金、水、木、火、土的五行也是天生的，但是你跟朋友是相反還是相成，是相生還是相剋，這是後天的安排。

不是命決定緣，而是緣決定命

「命」的好不好，是依你站的位置在哪裡而定。你站的是在一個相成相生的位置，還是在一個相反相剋的位置？所以算命學上說哪一個人剋什麼命，講的是天生的相剋。但是，天生相剋嗎？天生不一定相剋啊！「五行無常勝」，五行這五種功能沒有哪一個一定是最好，一定可以獲勝，而是多種功能之間的相互牽引與彼此感應，所以關鍵是我們站在什麼方位的問題。

這樣的論點就不是「由命說緣」，不是說我天生的氣質、氣命怎麼樣，我人生的緣會就一定會怎麼樣，就已經被決定。事實上不是命決定緣，而是緣決定命，因為你可以選擇你後天站的位置！儘管天生相反，但是我們後天相成吧！你可以站在跟對方交感的位置，一男一女成為夫婦，「一陰一陽之謂道」，道就在陰陽氣化中顯發它的存在之理！道在陰陽氣化間，道在天地交會中，道在陰陽感應中，所以

《中庸》說：「君子之道，造端乎夫婦。」

你要感應，有感應就有變化，有變化就有成長，這叫生命的成長。但是多少人站的位置純是相反而沒有相成，沒有交會也沒有感應，兩個人就困在那裡，僵化對抗，冷漠疏離，這不是天生命不好，而是他們站的位置不對。金、水、木、火、土相剋嗎？但是可以相生啊，你為什麼不轉換位置呢？為什麼不把組成一個家、一個公司的成員，彼此分位排好？功能排好？大家相生，而不要大家相剋。從這個地方說，是「從緣說命」，是後天的「緣」改變先天的「命」啊！

排人的位置重於排物的位置

《易經》講卦時爻位，六爻構成一卦，爻代表位置，卦代表時間。六爻代表不同的位置，所以要站在一個對的位置。所謂「對」的位置，是跟對方感應的位置，陰陽當位且交感，交感可以引生變化與成長，這叫生成。生成是在時間中進行，所以時機也很重要。我們出生的時機，相遇的時機，再出發的時機，締造奇蹟的時機，是決定性的因素。古代的哲人很重視時間恰到好處，儒家就叫「時中」。在時間對不對之外，再問空間對不對，只要陰陽當位，二者儘管本質相反，但是我們讓它生發相成的作用；五行在本質上也可能相剋，但是我們安排它在相生的位置，這是人生的大智慧。

我們在人間的命好不好，要看我們站的位置對不對。我們的家有沒有排好位置？兒子做什麼、女兒做什麼？一個公司也一樣，主管部屬如何安排好位置？排好位置，不是說你的桌子放在哪裡、椅子放在哪裡？花瓶、檯燈如何穿插其間？不是講究排物的位置，而是用心在排人的位置。現在看風水都看錯對象，都不看人，光看哪個物件擺在哪裡。

在道教傳統，看風水是排「物」的位置，避開相剋而走向相生。在儒家傳統，實踐倫理親情是排「人」的位置，避開人我對抗而尋求相互的和諧。二者背後的道理，都在用後天人為的修為，來使每一個天生不同的人，運道會轉好一點，結局會圓滿一點。

不過，在看風水與實踐倫理之間，還是以後者為重。排物的位置不如排人的位置，因為物無心，沒有感動力，而人有心，會有感動力，感動力就是創造力，這樣原來的氣質氣象才會運轉起來，彼此間既真實又和諧，既相知又相惜，所謂的氣數就有翻轉改造的可能了。

避開相剋，走向相生

然而我們往往只排物的位置，不排人的位置，這是當代社會最大的失落。人當然是萬物之一，我們卻忘掉了「人為萬物之靈」的身分，心靈的感應能量，會讓我們的情意天長地久，讓人間的命可以有扭轉的動力。通過緣的安排，大家站在一個對應的位置，在相反中相成；不要站在對抗的位置，相互抹殺而彼此抵消。

同樣一句話，為什麼你不講「生」的話，而要講「剋」的話，這可能會讓對方活不下去；同樣一句話，你會讓孩子上學比較心安，因為媽媽那麼疼我，爸爸那麼關心我，那麼就算準備考試很辛苦，甚至成績不如人，至少他總是有一個溫暖的家可以回去，有父母親的懷抱等在那裡，那裡是最安全可靠的，父母就是孩子的天地。但是我們不是，偏偏在他出門時吼他，「你給我滾出去！」那他今天豈不是流落天涯？在重要時段你拋出一句相剋的話，讓他的感情承受了挫折，你趕在那個時間點責難他，就在他最軟弱的時候傷害他，沒有相生，只見相剋。

我們要相生相成、要交感、要會通，因為人可能把對方限死在那個地方，封殺在那個地方，不給他安打、上壘得分的機會。我運用了某些哲學的觀念，希望不管是社會人士或青年朋友，對傳統哲學裡「命」與「緣」的觀念能有根本的理解。否則，就算你去說有沒有緣，去算命好不好，事實上是沒有意義的——因為你根本不站在主動的位置。所以我引用了一些學術的觀點，希望能夠引發諸位對這個問題本身有根本的反省，不要光聽人家斷定你的命如何，你自己可以去扭轉，也不要光等待緣的到來，你自己可以去開發啊！

算命是算人間的福報

我講緣與命，是希望對人生的問題作一個統貫的理解。我們要問，為什麼我們會關心緣與命？一個有宗教信仰的人，他是不會去算命的，所以在基督教、天主教的信仰中，說「算命」那是大笑話。因為在西方的宗教信仰裡面，他們認為人生的福報是神的決定，是上帝賜給你的，怎麼可以算呢？上天的意志是神聖的，你去猜測，簡直是不敬，且是大不敬！把人間的福報交給上帝，交給神明來決定人生成敗的問題。假定命運不好，姻緣不好，那是上帝的試鍊，是魔鬼的引誘，是來試探我們的，所以要坦然接受，甚至甘之如飴。

但是在我們的文化傳統中卻熱衷算命，為什麼？在傳統觀念裡，我們不認為有一個決定人間命運的上帝，所以不把福報的問題交給上帝。當然我們也講天帝，上帝的帝，但是那個帝是決定人間哪一個人當皇帝，決定哪一個人替天行道。天道是永恆定常的生成原理，上天永遠找一個像堯、舜一樣的聖賢出來當皇帝，以生成天下，這叫「天命」。天命就在決定誰當皇帝，所以我們的天只決定人間的王朝，其他的他不管。孔子之後，天道只管德行，不管人間福報，天不管，人自己來管，把福報問題交給自己。

算命就是算我在人間的遭遇，算人間的遭遇就是算我在人間的福報。因為天道、天理不管了，我們只好自己管；但又管不了，所以有無力感，也因此命感就特別強。我們沒有苦感，也沒有罪感，而是命感。印度人說人生是苦的，人有苦業，西方的宗教說人有原罪，我們說人有命限。我們要理解為什麼我們用那麼多的心力去算命，而且我們把夫婦婚姻、男女情愛當作緣，事實上緣就是命啊！我們算命是算緣，我會碰上誰？有好的結果嗎？可能性有多少？因為我們關懷人生福報的問題。

我們不把福報託付上帝，而交給良心，但良心只能夠負責你的德行，不能夠負責你的福報啊！天下每一個人都有良心，但是在人間過得並不好，所以我們才要算命啊！把男女、夫婦的情愛說是緣，談緣說命，事實上就在化解人生的怨與憾，用緣與命來解釋為什麼人間會有那麼多的誤會和決裂？給出合理的解答之後，我們才能夠真正的找到可以安定我們的力量。

無限深情意，盡落有限中

人生問題首先就在我們是以人的身分參與人間，天理內在於人就在人有良心，但良心卻落在一個形氣、物欲裡面。我們會問福報問題，說德行問題，關懷好人有沒有好報，就是因為我們有「心」。心的顯發，就在我們的情意和理想。不管哲學上怎麼說它，事實上就是我們對人間的愛心，對人生的關懷。這一分情意和理想，就是人的無限性。你看我們的一生，對子女、對家人、對學生、對朋友，甚至對受苦受難的人，生發了多少愛心啊！所以就與生俱來的存在處境來說，是無限的心落在有限的物中。

我們天生的氣稟材質是有限的，「無限深情意，盡落有限中」，不是盡在不言中，而是盡落有限中。不言中是言語表達的問題，有限中是生命擔當的問題。人的生命，本來是真實美善的，良知就是天理，心的美善等同天道，而天道生成萬物。《三字經》開宗明義也說：「人之初，性本善。」為什麼要「人之初」，才「性本善」呢？因為無限美善的心，在人間的流落中可能被扭曲，而失去它本有的善意真誠，人生可能的美好就此失落。

但是，這樣的一個無限性卻落在我們有限的形軀中，說它有限，那是「命」的問題。人天生有命，就在形氣物欲的限定。第一個限定就是人生只有百年，逃離不了病痛老死；第二個限定是我們的性向總是偏於一邊，人天生的才氣僅能有某一類型的精采，少有十項全能的天才；第三個限定是才智的不平等，人天生有上智與下愚之分，所以人的學習能力是不一樣的。任何學科的標準分數都很難建立，他的性向不在數理，對藝術卻有天分，考數理對他來說是不平等的競賽。就算是大家的性向都在數理，才智仍有上、中、下之分，還是不公平。

所以人的有限性，一在人有生老病死，這是第一個命；二在我們的性向偏於一邊，這是第二個命；三在我們的才智有高低，這是第三個命。為什麼我們喜愛算命呢？就在於避開自己的有限性，尋求一條適合我們性向才情的路。

通過有限來活出無限

知道自己的限定在哪裡，才能找到自己的可能性在哪裡。每一個人都有無限的愛心，以人的身分來到人間，這個命的氣質就有強弱、清濁、厚薄的問題。有的人天生的「氣」比較清純，可以定下來思考問題，所以修養對他來講相對容易。有的人天生的氣比較濁重，他比較駁雜，靜不下來，所以讀書與做人對他來說相對艱難。這樣的話，人的情意和理想，不管是往知識的領域追尋，或往修養的路上升進，都是不公平的。

心的無限性總是通過氣的有限性來承擔，所以每一個人的人生都是有憾的。人生有憾，因為我們沒有充盡的實現自己的理想。愛心是無限，但形氣是有限的，我的才情、我的性向只能做到某一個定點。我把像天道一樣美好的愛心，通過我有限的「氣」來表現，只能夠表現出我這個型態與程度，我的無限是通過我的有限來表現的，所以每一個人都有不圓滿的遺憾。《論語》說「死而後已」，面對死亡的命限，無限的善意真誠還沒有來得及充盡的實現，但是到了那個時候也只能把一切放下來，雖任重道遠，總是死而後已。

我們的心落在有限的形氣中，不僅限定自己，也困擾了人我之間的相知。因為每一個人都有不同的才氣，所以我們只看到跟我們的氣質相應的人，看不到跟我們的性向才情有差距的人，所以說氣味不相投啊！

我們天生的氣命，會讓我們看不到天下人的美好，因為我們永遠用我們的性向才情去看對方，而我們的氣稟具封閉性，會遮住我們的心靈，讓我們看不到對方的好，跟他形成障隔。

我們互相看不到對方

我們天生本具的氣都有與眾不同的獨特性，這一特殊的氣質有它的魅力，可以表現我這個人的生命才情，氣可以燃燒，可以發光，可以有熱力。人的心通過氣，氣可以彰顯自己的光采，同時也障隔了別人的光采，你忙著表現你的精采，在你之外的精采你卻看不到，所以不是那一個人有沒有天才的問題；而是有沒有去開發出來的問題，有沒有去發現的問題，有沒有彼此看到、互相賞識的問題。

有時候不是對方不好，而是我沒有看到。先生看不到太太，太太看不到先生；朋友彼此看不到，因為我們互相障隔了自己。所以人生第一個問題就是人有形氣的存在，人生第二個問題是人活在人間世。人間世是什麼？是人跟人之間的關係世界。我們活在這個形氣中，這叫人物有命；我們在人間世過活，這叫人間有緣。而人間緣會是很複雜的，我們單純的理想、真實的情意是落在複雜的人間世展開。這樣複雜的人間世，讓我們彼此牽制，互相抵消。

每一個人都有他的精采，但我們卻互相看不到對方，甚至故意封殺對方。先生、太太兩個人都很好，但是自己的美好卻形成對方的負擔與壓力。分開說雙方都好，然而好人在一起卻成了怨偶或損友，為什麼呢？因為沒有攜手並進，而是同歸沉落。彼此相剋，而沒有相生；雙方相反，而沒有相成。沒有交感就沒有成長，彼此拒絕對方，看不到對方的美好，沒有相互的激盪鼓舞，沒有共學適道。子女沒有在父母相生的交會中長大，反而在父母相剋的擠壓中掙扎，這是我們當前最根本的家庭問題。

人間世的複雜，就產生「福報」的問題。對我們的命來說，人物有氣質，而天地有氣運，自然的天候地理與人物的互動和人間的安排，有密切的關連。《易經》講人在天地間、在時空交會中會有遇合的吉凶問題。在天地間之外，還有人物在人間的問題。從人自身的命來說比較單純，但是人我之間，我這個人的命跟那個人的命相遇，就有合不合的問題。我等待他，他拉住我，這是人生遇合離散的問題。

知命的人有善緣

什麼是「命」？用一句簡單的話來說，在人生過程中，我們不想定的已經定了叫「命」。譬如我天生沒有數理的頭腦，我不想定的天生已經定了，這是無力回天的限定，這是命限，也是命定。這個命是我們一生發展的定限，不管你是否接受，反正你抗拒也不能翻轉。

什麼叫「緣」？你想定的它偏不定叫「緣」。我們都想感情就這樣定了，婚姻就這樣定了，事業就這樣定了，職位就這樣定了，希望找到一個可以依止停靠、安身立命的地方。我們不想在人間漂泊，問題是在人與人之間的關係世界裡面，我們彼此牽動，想定也定不住。

「緣」是緣會，「命」是命定，這是人生的一大弔詭，不想定的它已定了，而想定的它卻不定。從這個地方來說，「緣」的變動不定，加上「命」的天生已定，就形成了我們人生的行程。氣命不相感應的人就沒有善緣，你天生的氣質木訥，就很難在人間找到相知的朋友，不善於跟人家對話，表達不出自我的真性情，你在人間就抓不住交友共事的機緣。我們在應徵工作時，都會面對這個問題。我們的文筆、口才，甚至長相、個性，人家一看就已決定要不要我這個人了。

你沒有身高二百公分的命，就沒有入選籃球國手的緣，但或許你可以改打網球，說不定還有機會發光發熱呢！你知道自己的限制在哪裡，就不會往不可能的路上奔去，不會虛擲少壯的寶貴時光。知道自己的限制，才知道自己的可能性，也才能了解什麼是屬於我們的世界，什麼是我們可能的天地。人間多少事對我們說來，永遠在我們的生命之外，你就要割捨。

所以說知命的人才有善緣，才不會在江湖闖蕩，才不會在人海漂泊。我們總是碰來碰去，都碰不上，因為你根本不知道自己的命在哪裡，有那個命才有那個緣。有志竟成這句老話，不一定是對的，不具備天生才氣的主觀條件，對追求成功來說，畢竟是事倍功半，甚至徒勞無功。

有善緣的人可以扭轉命

命是天生的不平等，緣是人間的不公正。人間有很多不公正，好人沒有好報，用功的學生不一定考得好。有那樣的命，才有那樣的緣；而有那樣的緣，又決定了他在人間的福報，那人生的成敗豈不是翻轉無路了嗎？因此我們要換個角度想，是不是我們開創好的緣，可以運轉我們原來不怎麼好的命？是啊！倘若天生命不好，所以緣不好，做任何事都沒什麼機會，那豈不是天生的不平等，延伸為人間的不公正嗎？顯然這是雙重的不合理。

儒家不是說它的外王事業就是要擔負人間的福報？內聖是德行，外王是福報，人物的命是德行的問題，而人間的緣是福報的問題。那麼，我們是不是該給每一個人更好的緣呢？我們開創一個好的政治制度，提供好的教育機會，就是給出一個善的緣，而讓那些天生命不好的人，經由人間的善緣來扭轉他的命。由此看來，人生的路可以翻轉回來，是有緣才有命啊！如此，不平等的命也可以有公正的福報了。

有不少的人這樣看問題，命不好是緣不好。這個病患命不好，因為他沒有醫生緣；這個學生命不好，因為他沒有老師緣；這個罪犯命不好，因為他沒有法官的緣。這樣想真的很達觀，我們就把我們的命不好交付給緣。他跟醫師無緣，跟老師無緣，跟法官無緣，然後我們就認命了！為什麼別的病人碰上他都被治好了，我碰上他就治不好？答案是我自己的命不好。何止是命不好，甚至連命都沒有了！所以命不好是因為緣不好，而緣不好，再深入反省，是醫師的心不好，老師的心不好，法官的心不好。

人難免有錯，人不是上帝也不是神，人只是物，是有限的物，我們會犯錯、會疏忽、會疲累，但只要我們有心的話，醫師有那份心，老師有那份心，法官有那份心，就會扭轉乾坤，把人為錯失減到最低程度，給出病患、學生或罪犯新的生命。

外王是讓好人有好報

在儒道兩家的哲學思想，人有無限的愛心，有情意和理想，儒家幾千年講的良知是無限的心，然而我們卻天生有命，形氣有限，所以我們要修養。通過修養把那駁雜的氣化掉，這叫「克己」，氣質純淨化，良心的美善就可以顯發出來。氣質的駁雜越來越少，天理的分量越來越多，精純度也越來越高。人生的修養過程，就是把我們氣質的命限逐漸下降，而凸顯我們的天理良心。人間的緣是通過外王，通過政經體制進行的；人間的不公平要靠「外王」體制讓它公正。

人天生的不平等，我們經由修養讓它平等，我天生的氣質濁重一點，我就多下修養工夫。所以教育可以變化氣質，氣質的命怎麼會有定數呢？好人沒有好報嗎？通過好的政治制度保障他有好報，所以一定要好人出來從政，出來競選公職，怎麼可以有無力感呢？通過外王扭轉啊！

不想定的已定，是因為天生的命不可能轉換；而想定的卻老是不定，是人間的遇合落在緣起不定中。所以人生要通過兩個關卡：一個是有限的人物，另一個是複雜的人間世。無限的愛心通過有限的形氣來表現，所以變成有限；單純的愛心落在複雜的人間世，所以也顯得雜亂了。

幾千年來我們都相信，人物天生而有的命已定，而人間的緣會卻老是不定，所以「命中注定」和「緣會不定」的雙重感受都很深切強烈。而今有關自然天地的變化，自然科學可以給我們解答，也能夠對人物的氣命與天候地理的氣運有一精確的認知與預測。相對的，人間社會的複雜性與人際關係的緣起不定，也有社會科學給出合理的解釋與安排，經由客觀制度來保障來定住。

命可知緣可定

所以說，氣象預報不準，這是自然科學沒有盡到責任，不管路徑多麼詭異的颱風，它一定有徵兆，一定有訊息，在不可知裡面讓它可知，這才叫科學。我們研究它，要有精確性與預測性，這才是科學的精神。今天的自然科學，已經可以告訴我們天候、地理會怎麼樣變化。《易經》說人立身天地之間，在卦時爻位是否當位與交感所決定的吉凶，都有它自然因果的理路可尋。如今天地自然的現象變化，自然科學可以給出精準的答案，不像過去面對不可知的未來，只好去卜卦，《易經》以「理」現「象」，再以「象」定「數」的詮釋系統，本質是哲理，總欠缺當今科學預測的精確性。由於自然科學的研究成果，我們無限的愛心不必落在不可知的氣運裡去碰運氣，我們可以知氣象的變化，而且是科學的知。

屬於天候地理的自然氣運可以預測，屬於人物的氣質性向和才智也可以測驗出來。我們可以測出學生的性向和智商，性向在哪裡，智商有多高，從小學開始就給他適當的引導，不要每個人上一樣的國中，考一樣的高中，進一樣的大學，那反而構成了不平等。本來你的天才，他的天才，大家天生的才能不一樣，大家都是獨一無二，無所謂平等不平等，只有相對比較之下，才有數理差、文史好的問題。我數理差，但美術音樂好，只是現行的升學考試不給我表現的機會。今天的性向可以測驗，智商可以測驗，人的氣命不再不可知。天地的氣運可知，人物的氣質可知，由氣質氣運而決定的氣數也可知，我們就可以走出自己的路來。

人間的緣會遇合問題，我們今天通過社會科學來進行研究。不論是政治，還是經濟，都有法律制度來穩定人間的緣會，不讓人際關係在風雨飄搖、漂泊不定中。人物有沒有命？當然有；人間有沒有緣？當然有。但是時代不同了，今天我們的理性和知識，已經到達那麼明確精細的層次，我們還把一生的行程交給「命」嗎？把一生的幸福交給「緣」嗎？緣會不定，我們把每一個人納入結構中，就在制度的保護傘之下定下來。

人活在人間社會裡面，法律、經濟、政治都有制度，所以不定的已可以定。人活在自然天地中，人也活在自己的氣質性向中，自然科學可以去認知，所以不可知的也可以知。問題在，我們認為自然科學可以控制自然，認為社會科學可以架構人間，卻遺忘了人有「心」的靈，今天剛好走向跟傳統相反的道路。我們的人文傳統肯定人有心，幾千年修養都是讓人的心在那個地方照耀寰宇，照亮人生的行程，有愛心，人間就有光明。問題是，命中注定而緣會不定，愛心不免流落飄零。

心是光照也是熱力

人之所以為人就在人有心靈，「心」來主導人生的走向，就是我們所說的「有情人」、「有心人」；而心是一個理想和情意的結合，它既是光照又是熱力。昔日的問題是無限的心落在有限的物，且走在複雜的人間世，它在人海中漂泊，在人的形軀裡封閉，無限的愛心總是有未盡的遺憾。人物是有限的，人間這麼複雜，本有的愛心在人生行程中失落不見了！

如今命不再是不可知，因為我們可以預測天候地理的變化，並測定自己的性向才情。而人間社會通過制度、法律可以穩定下來，緣也不會老是不定。沒有想到的是，我們竟失落了價值根源的「心」！我常想一個問題，為什麼有為數不少的科學工作者相信命運，我想他們相信自然有一個理路秩序，相信社會有一定的結構軌道，所以他們會去相信人物的命是一定的，人間的緣是一定的。反而人文的學者比較願意去肯定，在緣會與命運之上，人生還有開創新機、突破命限的心！

地震、颱風是自然的現象，對受害的災民來說這是命，是自然給出的命，災難發生在哪一個縣市，這也是命。有的地方「命」運較好，可以安然無事。受災地區有人無家可歸，還好我們可以通過愛心，經由人間的救援管道——政府與民間的救難團隊，把愛心輸送出去，這是人間的緣會使然。人物的才智、人間的制度、源自人性的愛心，可以化解人物所承受的生命苦難及人間所面對的自然災變。

我們的心可以讓不平等的平等，讓不公正的公正。莊子不是講「齊物論」嗎？人間是從天生不平等說不公正，但是莊子說通過我們心的虛靜奧藏，可以觀照天下萬物，也可以包容天下萬物。一個老師有愛心的話，就會平等的對待他的學生；在佛的眼中，眾生平等，在聖人的心中，百姓平等，因為人皆可以為堯舜，人皆可成佛。父母讓子女平等，老師讓學生平等，醫師讓病患平等，法官讓罪犯平等，這要通過什麼？通過我們的心，去愛，去包容。

心是「生」的動力源頭

人間不公正嗎？那是福報問題，福報是追尋社會的公正。人物的命是不平等的，人間的緣是不公正的，我們通過制度讓它平等，通過法律讓它公正。探討人生的價值意義，我們首先要知道「生」是什麼，生的第一個意義就是父母生兒女，天地生萬物。

生的第二個意義，是通過父母來教養孩子，老師來教導學生，聖人來教化百姓。所以這一個意義的生，就不光是生下來，而是讓他長成有用的人，這個「生」才是最重大的。我們所關懷的人生問題就在第二個生。所以生小孩很容易，教養他長大成人很難。「十年樹木，百年樹人」，第二個生，是再生的生，通過教育、學術、思想、宗教、文學藝術、人文倫理來給他一個有價值、有尊嚴的生命，這當然是任重而道遠。

是啊！人天生是有命的，但是我們可以讓這個命生起來，叫生命。假定我們沒有去「生」的話，那個命是死的，你算命又有什麼用？他可以算出你天生的性向才情，但天生的才氣又不能決定人生的方向。假定你沒有愛心的話，你不是個有心人、不是個有情人的話，你的命死在那個地方，你不能給出生發那個命的力量。

如何給出生發「命」的力量？在你的心靈，在情意和理想。我們說生命，說人生，這個「生」請加引號，不是泛泛的說人生。什麼叫人生，常識觀點會說人活下去就對了，問題在活下去是無可奈何的。所以我們要有生的動力，不斷的生出來，這就是「生生不已」，也說是「天地之大德曰生」。儒家講的「生」就是價值的創造，科學只能夠研究現象，不管是透過觀察實驗或問卷調查，統計歸納出數據，建構一個理論來解釋已發生的現象，這是已經存在的事實。

但是我們的心，是當前還沒有的，讓它可以有。你看一個學生從開學到期末、從過去到現在的表現，你判定他一定考不好，看破他一定考不過。但是只要他今晚心一發動的話，開夜車用功，明天就會有好成績。依據統計和觀察，我們可以肯定的說這個學生一定通不過，但是只要父母好好陪他看書，老師用心鼓勵他要用功，就可以呼喚他的心，喚醒他的價值感，喚起他的方向感，他明天就以嶄新的面貌出現在老師同學的面前，邁開大步走向他新的人生，開創他新的前程，這就是生發，就是創造。

在命中「生」，在緣中「生」

人生的可貴就是像上帝的「生」，上帝的生是無中生有。科學只能夠在本有中做出合理的解釋，並歸納出一個理論系統。但是價值意義是「心」給出來，不能量化處理，也無從統計。我們的愛心，我們的情意和理想，可以扭轉天生的命限，可以穩住人間的緣會，命是有的，緣是有的，問題是命裡有沒有「生」，緣裡有沒有「生」，「心」就在命與緣中生出價值意義來。

多少人把本來感應的命與美好的緣一路去破壞，只因為缺乏生發的力量，所以那樣的命轉成封閉的命，那樣的緣已成僵化的緣，像下棋一樣，互相把對方將死。所以會下棋的人是永遠不把棋下死的，都下在活的地方。把對方將死，那個棋就下壞了。我們要落在一個相生的位置，不要相剋；落在一個相成的位置，彼此在相反中交感呼應。人生如棋局，讓它生動起來，活躍起來。

「生」總是有命限，總是有緣會，但是人的心可以讓那個命「生」起來，讓那個緣「生」起來。科學家站在實證主義價值中立的立場，不能肯定心的創造動力，而依據幾千年來的哲學思想，心可以開發出創造的動力，所以我們在命中生，在緣中生。我不反對人去算命，可以理解人天生的限定；我不反對你廣結善緣，也可以覺悟緣會的漂泊不定。沒有人不活在形軀裡面，我們總是落在一個「物」的形構氣命中；沒有人不活在人間，也就離不開人間的緣會牽引。氣命是有限的，緣會是複雜的，不管它多有限多複雜，我們的心卻是無限而單純的。我們的心一生發，就可以讓有限的轉成無限，複雜的回歸單純。有限的形軀可以實現無限的理想，複雜的人間世也可以存全單純的情意。關鍵就在我們的心是否開發出動力來。

有心的人就有好命

人的一生在「命」與「緣」中展開，所以人生就像天地絪縕間，一地飄零的落葉；人生也像一隻振翅欲飛的鳥，背負人間的艱苦和悲愁。人生的艱苦與悲愁，一半從命來，一半從緣來，人物在人間飄零，無不飄零是命，不知飄落何處是緣。

現代人很能體會人間的飄零，我們的親友不知有多少人到國外去了，這不是在飄零嗎？現代大儒唐君毅先生說中華民族的花果飄零，我們又把這個飄零當作定常，這才是最讓人感傷的事。達觀的人把人生的不幸都說是緣沒到，命不好是因為沒有緣。我們從來不忍苛責對方失落心的動力源頭。事實上人生多少問題，都是由少了這份心才帶出來的，哪裡是沒有緣，或緣沒到？

我們試想，你對別人多關懷一點、多付出愛心，是不是會有很多朋友？君子以文會友，以友輔仁，你人生的行程立即轉變，命運當下改觀，為什麼還去算命呢？當然，命是有的，似乎也可以推算一番，但是我想更重要的，是我去開發、去成全、去用心。我用心就有善緣，有善緣就有好命，我何必苦苦的等，痴痴的等，然後無助的求神問卜，求取人生的祕方絕活呢？

有心的人就有善緣，有善緣的人就有好命！我們希望開創事業的人，走在人生道上的人，面對感情婚姻的人，常往這條路上推進。心的靈動可以彌補天地的缺憾，最重要的就在通過人物的修養，通過人間的政經制度與科學技術，讓不平等平等，讓不公正公正。今天的社會，我們走向這樣的一條路上，人生的行程，理當往這個理想走去。

以情意和理想生發創造

人生的問題究竟在哪裡？我是好人，我有好心，但是我的長相平凡，人家看不上我；我很盡力，但是這職位上司就是不給我。我們關懷別人，也愛別人，但是別人似乎不怎麼感懷，甚至還惹人討厭。所以你就發覺，好心沒有好報，愛別人又苦又累；令人心痛的是，原來自己是愛錯了，反而回過頭來否定自己的情意，懷疑自己的理想——假定我不愛，我大概就不累了；假定我沒有理想的話，我就不會在人間承受挫折。這樣的想法，就是意味著我們已經把人生的行程交付給緣會和命定，而否定了自己最高貴的心。

也許人物是有命的，而人間是有緣的，人生的理想和情意沒有實現，是因為我們在人間的牽引中，沒有得到應有的好報，沒有得到公正平等的對待；但是至少我們還保有情意和理想，總是有靈覺的心，我們還可以靠它堅持下去。假定你因天生的命不平等，天生的才情長相不如人，在人間沒有得到公平的對待，就把做為一個人最高貴的情意和理想就此放棄的話，那麼我們的人生就失去了根源的力量。失去了心，就失去了人的價值分位，哪裡還有生的力量呢？「生」從心的靈覺來，這叫心上種來心上開。我們的心田，本來就有愛心的種子，我們要讓它萌芽出土，茁長壯大，進而開花結果。

假如我們了解緣與命，知道它的限制和複雜，我們就不會動搖自己的心。命本來是有限的，緣本來是不定的，所以人生的不好本來就如此，不要有那麼重大的挫折感。保存我們永遠不變壞的愛心，以情意和理想去生發創造，這才是人生的根本大計。

達觀在放下，可不是逃離現場

說緣與命，不是勸大家去算命、要大家去等待緣的到來；而是說儘管有命有緣，通過我們的心去生它，就在命中生，在緣中生。儘管命是有限的，而緣是複雜的，但是我的心常在！人的希望在哪裡？在我們的心！人生行程的動力在哪裡？在我們永遠不會變壞的心。世界是生住異滅的，人生是生老病死的，人間有緣，而人物有命，既有限又複雜，但是我們的心永遠在那個地方，斯人千古不磨心！這叫人同此心，心同此理。不管是東海西海，心同理同；不管是古代現代，也是心同理同。

人物天生是有命的，承受啊！人間是有緣的，通過啊！以什麼來承受？以什麼來通過？以我們的心。心靈可以做自己的主人，它是無限的動力源頭，不要懷疑心靈的能量。不管多大的苦痛，多大的災難，我們總是會承擔過來的。儘管我們背負了、承載了人間的艱苦和悲愁，但是我們有能量承受，有智慧通過。只要我們有心，心可以知命，知命的人可以有善緣；反過來說，心可以惜緣，有善緣的人也可以有好命，關鍵就在生發我們的心。

今天是科學在主導時代的走向，自然科學這麼進步，人物的命是可知的；社會科學這麼進步，人間的緣也是可定的。但為什麼反而會失落了生命主體的心？總結一句話，說緣解命，只是關懷人的存在與處境，善緣好命的動力，在我們人人本具的「心」。用我們的「心」去定住人間的緣分，用我們的心去扭轉人生的命運，這樣說緣解命才有積極創建的意義。否則的話，說達觀其實是逃離現場，說無力感其實是放棄責任，而算命也不免是流於迷信，甚至是轉成權術了！

III

開創緣與命

人生過程中的每一個當下，都是我們活出自己的「機」緣，問題是：你有沒有去「運」轉而把握此生的「機運」？儘管我們處在生涯的變動中，只要開發永遠不會壞掉的「心」，活在世俗塵囂中，也不會心生厭倦。不抗拒別人，也不討厭自己，永遠用「心」去照看世界的真，去愛人間的美！這樣的話，我們的人生隨時都有轉機，就會有新機運的到來。

在百年人生的歲月裡，我們每一個人都要掌握自己的生涯機運，才能開創善緣與好命。什麼叫「生涯」？這兩個字是大思想家莊子說出來的。莊子是一個道家的大哲人，莊子書第一篇是〈逍遙遊〉，第二篇是〈齊物論〉，第三篇就是〈養生主〉，千古下來都是第一流的文字。〈養生主〉開宗明義就說：「吾生也有涯。」生涯這一辭語就是由此而來。所謂的「生有涯」，就是人生的行程是有涯岸、有限界的。所以「生涯」這兩個字，是對人生的描述；而這樣的描述是代表消極的意義。所謂的消極意義，就在告訴普天之下的每一個人，此生是有限的。

人生百年是人物的有限性

吾生是有涯的，我們每個人都要活一生，但這一生是有限的，不可能無限延長。我們喜歡講「人生百年」，假定不通過宗教信仰的話，應該說「人只能活一回」。來生誰知道呢？是否有天國？是否有來世？很難說。所以吾生是有涯，「有涯」是有限界、有邊際。人生的行程是有一個限度，它有起點，就有終點，就像一百公尺賽跑一樣；我們誕生的那一天是我們的起跑點，但人總是會到達終點線的，那個終點線我們就說是人生的「百年」。對青年朋友來說，這樣的說法可能不合成長中的心境，所謂「人生百年」，就是指人總有一天會死的。這不是消極的意思嗎？對，是消極的意思，但是換個角度看也很積極，就因為我們知道人生不可能無限的延長，所以你才要掌握人生過程中的每一分每一秒，千萬不要讓它輕易的滑過。

「生涯」的第一個意思是：人生是有限的，我們只能夠活一生，只能夠活這一世。在人生過程中的每一個階段，童年、青少年、青年……都只有一次，人生是不能重新來過的。所以，「生涯」這個消極性的理念，是告訴你人生總是會走向終程，而且人只能活這一生。假定人生可以無限延長的話，那麼人生就變得沒有挑戰性，反正時間是無限量的，你想活多久就活多久。這樣的話，在過程中的每一分、每一秒，就沒有積極性與迫切感。

那麼，「生涯」的第二個意思是什麼？那就是我只能是我，我不可能是別人，在成長歲月中，不管你有多喜歡你的朋友，你還是你，他還是他。而人間街頭有明星，有成大功立大業的人物，你可以崇拜他，以他為偶像，但不可能成為他，我們命定的要回頭做自己，把自己的才氣風格活出來，這才是我一生最重大的使命。也就是說，能活出自己的人，才是真正的好命，而不是跟別人拚，跟別人比出來的。

逐鹿問鼎是人間的複雜性

莊子底下還有一句：「而知也無涯。」「知」是「心知」的知，我們活在世界上一定會看到很多的事物、很多的現象，然後我們又認為這些光景是我們想要的，是我們要去追尋的。譬如說，你想考一所好的大學，要唸一個熱門的科系，這叫「知也無涯」。人生過程中我們會執著很多的願望，或許是名，或許是利，或許是權勢，或許是一種英雄事業，或許是一個科學王國。還有人痴心狂想，要去打天下，說是逐鹿中原，就如同兒時的夢想，想去摘取天上的星星，但從來也沒有人圓夢過。

「知也無涯」，意謂在人生過程中，我們心中的想望是無窮無盡的。我這個喜歡，那個也喜歡；在這個時間內，我想讀書，又想去看電影，也想約朋友出去玩。你看，想望無窮。所以莊子告訴我們，人生最大的問題就在：人只能活一生，而且一生只有一百年，從童少到青壯，每一個階段都只出現一次，而在只出現一次的這個階段裡面，我們又有那麼多的想望。

時間是有限的，但是我們想要做的事卻如此之多，我們自己就是人生行程中最大的挑戰。「吾生也有涯」，人生是有限度的，「而知也無涯」，但是我們心裡的想望是無邊無際的。什麼叫人生，注定就是你要用有限的人生行程，去追尋無限的憧憬和想望。我們只覺得時間永遠不夠用，只覺得來不及、趕不上；那麼多吸引我們的新奇美好，既時髦又流行，你剛學會趕上，人家又往前推進一步。這個社會的尖端、這個世界的顛峰，永遠在你的前面，你永遠落在後頭，老是被時間追著跑。人生路上永遠在忙著追尋，人間街頭卻從不停下它前進的腳步，你總是差那麼一步。莊子所描述的人生行程，是「以有涯隨無涯」，意謂你用有限的人生過程，去追尋藏在我們心中無窮盡的想望，結局在「殆矣！」說這是事實的不可能。

人物有限是命，人間複雜是緣

儘管心裡面的願望無窮無盡，但是人生的過程卻是有限界有涯岸的。我想要的那麼多，但是我做得到的卻是這麼少。雖然很有挑戰性，但是這樣的挑戰性終究讓我們落空，我們窮盡一生的心力也來不及完成，年華在歲月中老去而留下好多遺憾。這個感受，我想青年學生是不大能體會的。你用這樣有限的人生行程，去追求無限的心知想望，莊子斷然告訴我們，那是不可能！既然不可能，你還要一頭栽進去，窮盡你的一生，去追尋沒完沒了的心中想望嗎？

莊子一點也不保留的告訴我們：「已而為知者，殆而已矣。」已知結局如此，還要一頭栽進打天下的行列，那是一個永遠不能突破的生命困局啊！困局就是你永遠通不過考驗，永遠完成不了心中的想望。我們現在要問莊子：真的嗎？真的如此嗎？所以在這個地方我們要了解到「生涯」的意義，這個生涯不光是有限界的，且意味著是在奔波、浮動中。人生過程中，從時間來看，它是有限的；從人在社會中的種種追尋來說，它是不定的。人生是有限而且不穩定的，所以一代哲人莊子說心知願望無窮，想要圓滿完成是不可能的，那是永遠掙脫不了的生命困局。更深進一層說，困局不在事實的不可能，而在價值的不值得，因為我們心知想望的名利權勢，總在緣起中，而緣起是無自性，終究成空。

人生的行程是有限界的，時間總是不夠的，來不及長大，它就已經過去了。但是我們心裡面又充滿了那麼多的想望和憧憬，何時能實現呢？過往的歲月一去不回頭，未來要怎麼把握呢？

原來，人物的有限性，是我們每一個人要去扭轉的命限，而人間的複雜性，就在緣起不定中，也是我們每一個人要去把握的機緣。

與生俱來的命，說是天注定

在成長的過程中，不曉得你們有沒有這種感受：為什麼我跟人家不一樣呢？小時候我老是想為什麼我的家會這麼窮？我看有的同學穿皮鞋、背書包，下雨天撐雨傘、還穿雨鞋。而我呢？我要戴一頂斗笠都成問題，哪裡有書包呢？書包就是一條包巾，把幾本書綁在腰上。哪裡有鞋子？過年都沒有鞋子穿。我要演講比賽，都跟同學借衣服、借鞋子穿。沒有辦法，代表鄉鎮參加全縣的演講比賽，總不能赤著腳奔走天涯。那個時候，我就在想：假定我的家跟別人的家一樣多好。回頭看別人都長得那麼高、那麼壯，打起架來威風十足，像個小英雄，而我只能在兩方人馬決鬥時保持距離，做個旁觀者。

所以，看看自己，充滿感傷！怎麼沒有人家的身高，沒有人家的體重呢？沒有人家的富爸爸，沒有人家豪門大戶的家世背景？這些就是我們的「命」啊！為什麼我的同學他背書只要讀一兩回就會背了，我讀了七、八回還背不來呢？為什麼老師在黑板上演算數學給大家看，他一聽馬上就懂，而我聽了卻不明所以，晚上再去補習，回來還是不懂！有沒有道理好說？你說我不好學、不好強嗎？但我就是學不來，這是天生的「命」啊！

做為一個人，我們來到這個世界上，我天生是怎麼樣的一個人，天生而有的才氣如何，是我與生俱來的，「做一個人」也「活出一生」的條件，是我來到這個世界上的時候已經被決定的，這就是所謂的「命」。媽媽生下我，而我的生命是爸爸和媽媽的結合體，爸爸和媽媽的性向才情，就遺傳到我的身上。我天生的性向是喜歡數理還是文史，是喜歡音樂還是藝術，它是與生俱來的；你的勞作特別好、書法特別好，他的數學特別好、作文特別好，都要感激父母生給我們這樣的天分，擁有獨特的性向、才情。

走自己的路就是好命

所以人來到這個世界，年少時就會發覺，自己的聰明才智跟人家不一樣，喜好也和人家大有不同，請不要感傷，這就是所謂的天生「命」定。台灣鄉土老說「一個人一款命」，是說我們天生的這個人本來就跟別人不一樣。所以，人物來到人間，首先要面對的是人天生是不平等的。不管數理或文史，書法或音樂，都是一場不公平的競賽，因為總有某些人天生才氣就專屬於這一方面，當然表現傑出，而你的天分喜好不在這個區塊。所以你跟同學一比的話，就被拉下來，但是你可能沒有想到，等一下到了運動場，一賽跑你就全班第一了。

人總是有天生的命，所以我們會說誰的命好，誰的命不好，就是從天分來說的。說命好不好，是就我天生的性向在哪一方面，才情高不高，甚至生命力強不強來說。譬如你數理不好，就成為你的命，因為它跟定你了，天生如此又無可挽回就是命。

所以什麼是好命，活出你自己的人生叫好命，我是怎麼樣的天分才情，我就走怎麼樣的路。假定你一定要對抗你天生的性向，而走一條順應時代潮流與社會熱門的路，去追尋所謂的卓越、天下、遠見、當代的路，這樣太累了。我為什麼要尖端要卓越，為什麼要遠見要天下，我才不打天下，我只要我自己的。我是怎麼樣的才氣就走出怎麼樣的人生，這是我的命，只要我活出我自己的風格品味，那就是我的好命了。

所以我們天生的命，會決定我一生走向哪一個行業，人生的前程也就在那個地方展開，這叫「命定」。不要跟人家比，一個人一款命，跟人家比的話，你永遠有失落感，因為大家天生不一樣。天生有命，只有走自己性向所在的路，不用後悔、無需感傷，因為你不能換成另一個人，天生命已定。所以，不只我們的童年、青少年、青年只能有一回，就是我這個人，我天生的才情氣魄，也不能重新來過啊！沒有辦法更換，不可能重來，這就是「命定」。

走別人的路就失落了自家的美好

為什麼我們喜歡算命？因為算命就在算我們一生的行程。你問將來經商好不好？繼續深造好不好？出國好不好？事實上，我們自己最了解自己，算命要從哪邊算？從父母親生下我的那個時候算，而不是請別人來算。你自己喜歡什麼，你對什麼特有感覺、會感動會投入？那個就是你的命！你要看重自己的喜歡，了解自己的性向，一生走這一條路，這就是我們的人生走向。千萬不要走別人的路，走別人的路既辛苦、又絕望，因為它不是你想要的。

很多青少年在自己房間的牆面上貼了好多偶像的照片，是啊！我們可以欣賞，當作一種美感來欣賞。但是，請不要說你一定要走他的路，因為你實在跟他不一樣，想走也走不來，想學也學不像。

我們一定要了解自己，你的感覺在哪裡？你的才能在哪裡？千萬不要走一條不適合你這個人的人生道路，不要走一條對你來說正好是弱點所在的路，甚至你討厭到讓自己受不了的路。你要走出你喜歡的、你優點所在的路，這樣你才會發現自己所追尋的未來前景。

我們的命是天生而有的。所以從這一點來說，生物學、遺傳學的說法是很有道理的。而且，有所謂的心理測驗，可以測出我們喜歡什麼，我們性向在哪裡，這是很有必要的；或者是智力測驗，測出我們的智力商數到達什麼高度，那也是很重大的，這才是真正的算命。通過當代社會科學專家所設計出來的心理測驗、性向測驗、智力測驗，好好的測出自己的性向在哪裡？天生的才情在哪裡？測驗我在這個領域裡面，我的才情是上，是中，還是下？「上」的話，我走理論研究的路，「中」的話，我走實用技術的路；我可以做一個技術人才，不一定要當理論人才，這就是我們的「命」啊！不幸落居於「下」的話，那只能轉行，另求發展了。所以我們的「命」，應該通過性向、心理、智力等測驗決定，而不是請人家來幫我推算一番。由此看來，在人生的生涯中有「命」的問題；另外，還有一個是「緣」的問題。

「緣」是依外緣而起現

什麼是「緣」？「緣」是緣會，你有沒有碰到你喜歡的同學？可以跟你談心、跟你相知的好朋友？這一點很關鍵。在成長中我們需要同學、需要朋友的相互扶持。當然我們有父母，也有老師，但是我們希望的不只是有長輩的教導鼓勵。父母和老師當然很愛我們，但是他們不瞭解我們的苦；而瞭解我們的同學卻沒有能力幫我們的忙。同年齡層的朋友最瞭解，我們一起上課、一起長大；我的苦，他的苦，我們都點滴在心頭。但苦來苦去，就是苦不出可以支撐對方的力量。相知的人沒有能力，有能力的人不相知，這就是「緣」的問題，也是人生的難題。

你有沒有碰到你喜歡的老師？很多青年學生，他對數學有沒有興趣，不是他性向怎麼樣，而是那個老師他喜歡不喜歡！我以前在北一女教書，學生數學不好，後來我問出來的理由，是因為她們不喜歡數學老師講話的姿態和語氣。她們覺得數學老師很庸俗，每天錢來錢去，說他月入多少，青年學生不喜歡講錢，認為太俗氣了。只因為學生反感，全班數學欲振乏力，這叫「緣」。你沒有碰到你喜歡的老師，所以就說跟老師無緣。沒有老師的「緣」，也就沒有數學的「命」，所以數學一直僵在那裡，一直沒有辦法提上去，因為沒有那個緣。

所以人生兩大問題：第一個就是你的「命」怎麼樣？才氣在哪裡？有沒有數學的理解力？有沒有文學的想像力？你天生沒有數學細胞，沒有文學天分，這個是「命」限的問題。第二個是你碰上了怎麼樣的朋友，遇到了怎麼樣的老師，有沒有相知的朋友，有沒有用心的老師，這是「緣」起的問題。

從天生的因素來說是我的命好不好，從後天的因素來看是人生的遇合怎麼樣？你天生的命要夠好，而且後天的遭遇也要合得來，人生才會不斷長進，才比較容易走上成功之路。

天生的命本身，無所謂好不好

每個人天生有一定的性向、才情，面對同學之間的競爭，我們會說這個人或那個人天生的命不好。事實上，只要你不跟人家比，每一個人「命」都是唯一的，無所謂好不好。天生命定的意思，是說我天生怎麼樣，我一生就怎麼樣。人活一生果真是我天生怎麼樣，我一生就怎麼樣嗎？真正決定我們一生的，是我站立的位置，我行走的路向，能否跟其他的人相互呼應。假如能「共學適道」，那麼我天生的命就算不好，也會轉好！

以我來說，我天生沒有讀數理的命，我的數理一直不大好，那我可以不往數理走，我改唸文史，我就在文史科系求發展，這就是我的緣會給出來的新機運。天生數理不好是我的命，但是我走文史的路，原來不好的命就消失不見了，轉成好命。所謂的命不好，就是你一生沒有走向你喜歡的路上去。儘管天生的命不好，只要你後天站上的位置跟走出的路向對了，你的命還是有轉好的可能。

我們一定要建立一個觀念：不要把我們一生的好不好，僅通過天生的命來解釋，我們還要通過後天的緣來思考。找到能夠跟我們搭配、能夠跟我們呼應的人，那樣的人，可以是一生的好同學，一生的好朋友，可以是我們事業的伙伴，可以是婚姻的伴侶。但是這樣的志同道合跟天生的命直接關連，天生的才氣彼此間可以互相感應的話，就可以成就雙方共同的「好」，就叫「有緣」或「善緣」。假定兩個人的性情正好相反，一個躁動一個冷靜，處世態度不同的兩個人碰在一起，硬要做朋友，甚至做夫妻的話，那一生的命不可能好。為什麼？因為你找到的是跟自己性向完全相反的人。

找到與你志趣相投、才氣相合的人

找到情投意合的人，對一生的事業與婚姻，都有直接的生成能量。兩個人的感情與婚姻生活，可以相互感應、彼此支持，就能維繫一段好的婚姻，共成一個好的家庭，兒女就可以在爸爸媽媽的「好」中成長，從父母來說是善「緣」，也就可以帶出兒女的好命來。

我們喜歡講有緣或無緣，原因在緣與命是有關連的。我們不能光講條件，條件沒有用。兩個條件很好的人，每天在一起卻吵個沒完，為什麼？因為他們天生的「命」沒有感應，不相契合，不能相知，他們是互相排斥的，而不能互相吸引。人間社會有這麼多的人聚集在一起，我們總是可以找到跟我們氣味相投、性情相近，且兩心相悅、兩情交感的人。所以，一生福報好不好，不是光看我天生氣「命」的條件好不好，而是還要看我在人間的「緣」會，有沒有找到可以跟我兩相契合的人。

陰陽相反，但是陰陽可以相成。一個天生陽剛，另一個天生陰柔，兩者看起來正好相反，但是可以相成，生活上可以彼此配合而互補不足，而性情上也可以彼此感應而相互支持。一陰一陽在一起，「道」就在兩者間生發出相成的能量。相互感應，且彼此生成，不論成長中的大小事，不要只凸顯自己的優越而把對方比下去，這就失落了交感共成的道；反而要照顧到對方的感受，開發對方的長處，而給出肯定。

我們天生的命，在人間社會的人我互動裡面，是可以相生，也可以相剋，這就決定了人生的好或不好。碰上不對的人就相剋，碰上對的人就可以相生。相剋就是相互抹殺，彼此抵消；相生就是相互關懷，彼此支持。

不要老站在相反或相剋的位置

人要相生，千萬不要相剋啊！命好不好，看你在人間跟人家是相生還是相剋？跟人家是相反還是相成？譬如在一個大家都很愉快的場合裡面，突然間來了一位不速之客，他講一句話，大家都傻了，全講不出話來。就像過生日，大家唱「祝你生日快樂」，他看看蛋糕上的蠟燭，算一算，突然說：「我看你在人間的日子不多了。」什麼意思？在這個時候就應該祝福，講長命百歲，說人家日子不多了，幫他算剩餘的日子，用倒數的，你還有多少年，因為你已經失去多少年了。一樣一句話，他非要講出那樣相剋，讓人家受不了的話不可。那樣的人，不可能有好的人際關係，他永遠跟這個世界對抗。他說話永遠站在跟人家相反的位置，說出相剋的話語，永遠唱反調。人生如棋局，我們要下在活的位置，而不要下在死的位置，把棋局下死了，沒有為未來預留生路，反而會把雙方逼入絕境。不要忘記，你的每一步棋都會牽動你一生！

所有過去的緣都會變成你的命，我在童少的時候，生了一場大病，在此後的人生歲月就成了我的命，在那個時候的遭遇，不論是意外與偶然，終將成為我今天永遠要去承受的命。我們的「今天」就是過去累積的總和，每一個今天對你說來都在緣起中，假定你錯過了今天的善緣，你就失去你一生的好命。一步錯，全盤皆輸啊！我們總是覺得，人生剛起步嘛！我還年輕。是啊，你現在十七，時間飛快，轉眼就成七十。你不把握這段年少成長的歲月，你的一生美好會被你失落的十七歲所耽誤啊！這是緣起所牽動的「命」。

什麼叫緣？你很想定的，它偏不定，這就是緣。譬如說，我晚上唸的，希望明天會考出來，這是幸運，問題在明天考出來的跟你唸的就是不一樣，這讓人懊惱，你也無可奈何。像這樣你想定的它就是不定，這就是緣起不定。

從「緣」的相生相成，扭轉雙方的「命」

人生就面對這樣的兩大難關：你很想重新來過，卻是事實的不可能，且你希望它能夠定下來的，它就是不定。「吾生有涯」的意涵是你不想定的已經定了；「知也無涯」的意涵是你想定的它偏不定。前者是「命」定，後者則是「緣」起。二者加在一起，就決定我們一生的福報。儒道兩大家講由「命」來定，佛門講因「緣」而起，一個偏向先天的「命」定一個重在後天的「緣」起。

所以你不要猜明天考什麼，你都讀，你都會就是了。考五門，我五門全部讀完，不管出哪一題我都不會漏掉。這樣的話，就是通過我們自己來掌握一生的緣與命。你一定要知道自己的命，因為知道自己命的人，比較會有好的緣。知道自己的才氣，自己的性向在哪裡，也就可以知道自己的弱點、自己的限制在哪裡，既然我不喜歡它，我的才能不在那個地方，那我就不走那條路啊！所以知命的人，比較不會在人生過程中出現太多的嘗試錯誤，因為你知道什麼對你來說是可能的，你就走那條可能的出路。這就是說，了解自己性向與才氣的人，對人生的過程比較能做出明智的抉擇，比較能避開冤枉路。否則，不僅徒勞無功，還會引來太多不必要的挫折感。

此外，你在學習的過程中，要找到志同道合的朋友，互補不足且相得益彰。譬如他數學很靈光，而你是文史專長，你們兩個人在一起讀書的話，你教他文史，他教你數理，彼此在功課表現上不斷提升，雙方有好的「緣」會。像這樣可以一起成長的善「緣」，兩個人的「命」一起轉好。同學相處可以相生、相成，師生相處也可以相生、相成，老師認真教課、學生用心聽課，師生間相互生成，老師是好老師，學生也是好學生，師生一起好起來，這樣的話，就算我們天生的命不算好，也可以有轉向好的機會。通過後天的「緣」，可以扭轉先天的「命」。

命與緣，二者最大的分別，就在先天的因素是天生「命」已定，後天的因素是依外「緣」而起現。人生有太多是天生命定的，在人生的道路上盡量走自己有感覺的路，走自己會喜歡的路，這樣的話，就不會厭倦，不會苦，也不會那麼受不了，而且你可以走出一條平坦的人生道路，因為你走的路是你天生本來就喜歡的，你天生的才能也支持你走向那一條路。

誰來發動扭轉一生的機運

在關鍵時刻，抓住扭轉一生的機運，要由誰來發動呢？我們的心啊！命是我天生本有的，緣是人間發生的；但是我們總是要有一顆關懷社群的心，愛天下人的心，充滿了情意和理想的心。這樣的心，才會讓我們去擔當人道關懷與救援的重任。我們不是說要走向相生而不要相剋，總要在相反中相成嗎？在要與不要之間總要有一個決定生命走向的價值主體，可以做出抉擇。我有理想性與責任感，我才會跟人家相生，跟人家相成。假定沒有愛心啟動的話，不想定的已經定了，而想定的卻不定，那不是一點自我翻轉的機會都沒有了嗎！本來我天生就沒有數學細胞，晚上我用心解了幾題，明天又沒有考出來。你看我的命不好吧！你看我的緣也沒有碰上嘛！依這樣的思考，那人生就變成無可奈何，也無力挽回了。

還好，我們身為一個人物，才氣是天生「命」定，不過在人間我們還有一個後天的「緣」，正在未定狀態中。活出一生的生涯機運，誰來掌握？誰來開創？不靠別人，要靠自己，心可以去啟動、去開創，心可以把握機緣，開啟新運，而翻轉自己一生的命。

你真的功課不好嗎？你真的事業不順利嗎？你有沒有想過，只要有心的話，回去好好努力用功，明天的我就完全不同了。只要我們有心，我們可以突破天生的命定，穩住人間的緣起不定；可以心生善緣，且緣造好命。原來天生的命，在人間的緣中運轉，命是可以改的，不定的緣也可以定下來。人我相處，我本來不大喜歡他，但用心包容的話，漸漸的可以看到他的優點。也許他會說出傷人的話，可能是心情低落、正在承受挫折，你用心為他想，總是包容等他，日久天長他總能感受到你的善意。重點在，你的心一定要出來當家做主！

修養改命，制度定緣

命與緣，是不可分割的生命理念，天生是怎麼樣的人物，人間就會有怎麼樣的遇合。既然，你就是這樣的一個人物，不可能轉換成另外一個，而過往的歲月也不可能重新來過，所以，你沒有其他的選擇，唯一的可能就是接受你自己。知命的人有善緣，知道自己天生的條件怎麼樣，就知道自己的未來要往哪裡走，別用力氣在跟自己性向、才情不合的路上，那是徒增煩惱，引生挫折而已！知道自己的限制，才知道自己的可能性，割捨不屬於我們的世界，才能打造出自己的天地來。

此外，不管何等人物，總要在人間過活。而人間是人跟人之間所構成的關係世界，一者複雜，二者永遠在變動中，所以我們難免在相互牽引中同歸流落。問題是，我們不能退出，因為沒有地方可以逃，既然生而為人就得在人間做人，退出人間就活不出自己一生的前程。所以，人生再艱難困苦，我們只有往前推進，大步通過。人物天生不平等，人間是一場不公正的競賽，唯一的補救，就是後天人為的安排，給出重新出發與再教育的機會。這樣的話，本來命不好的人，也可以因人間的善緣而有了轉機，並開出自己的好運道來，命不是就此轉好了嗎？

依我看來，改命轉運只有靠自己的修養。修養可以改命，人不一樣了，走的路也就不一樣，就可以改變天生的命定。不過，緣雖善還是緣，而緣會總不定，如果老寄望善緣來轉命，還是無根的。只有把偶然發生的緣會轉成制度常軌，把每一個人納入結構中運作，本來不合理的人物通過合理的制度架構，來實現合理的人生。

沒有修養的人物，生命血氣直接衝上十字街頭，一如瘋狂飆車甚或吸毒酒駕的人，就算天大幸運，也總是會碰上意外，「命」是注定保不住的。少了制度規範的人間，人我緣會總在偶然中，有善緣也不會長久，一如簽注賭盤的人，就算碰巧中獎，「緣」是不會再來的。「命」可以「改」嗎？當然可以，總得接受教育，變化氣質才可以轉運而改命。「緣」可以「定」嗎？當然可以，建構制度來規範就可以緣定一生了。不想定的早已定是命，但通過修養，已定的命也可以扭轉；想定的它偏偏不定是緣，但經由制度，不定的緣也可以定下來。解除命的困限，避開緣的流落，人在命中生，也在緣中生；「命可改」成了合理的人物，「緣可定」也就可以活在合理的人間了。

先天的命，後天的運

民間傳統有一句講人生大道理的話很有意思：「一命，二運，三風水，四積陰德，五讀書」。這樣的排序，讀書竟然排在最後，太不可思議了，考科舉，讀書應該排在第一位，才有金榜題名的希望。讀書有成才可能就職創業，但沒想到讀書的分位竟被排在最後。成功立業的必要條件反而排在最後，何以故？因為前面四個都是它的先決條件。

「一命」，意謂你要有那個讀書的命。因為天生的才有高下，氣有清濁強弱，人要靜得下來，書要讀得進去，課要聽得專注，學要有高效率，不論記憶力、理解力、想像力與創造力，都跟天生的性向才情直接關連，而這些都是父母生成，天生命定的。

「二運」，意謂才與氣的「命」不論高下強弱，總是由人來運轉的，命是天生而有，早已定在那裡了，但是我們可以「運」，通過我的後天人為來運它。你天生有才氣，沒有「運」轉的話，再好的命也落空。「天生我才必有用」，不見得哦！很多天生我才都沒有用出來。為什麼沒有發揮作用？因為他沒有「運」它。要善用你的天分、善用你的才能，要善用你的生命力、善用你的少年十五二十時。青少年階段，生命充滿了活力，不論讀書或運動永遠不會覺得累；人到中年就不免會疲累，所以要善用你的錦繡年華，你的年輕生命正對著外在的世界開放，好像整個世界充滿了神奇、奧妙，生命的情意和理想，正衝向世界的每一個角落去追尋去探索，盡心的「運」，可以轉出你天生的「命」。

「三風水」，所謂風水就是找到很好的讀書環境。假定住家周遭太吵雜，可以考慮搬家；若是家裡不得安寧，可以到圖書館去看書，這叫風水好。讀書講求風水，跟住家在哪裡大有關連。過去的讀書人喜歡到寺廟讀書，暮鼓晨鐘啊！山水充滿了靈氣，天時、地利都在那裡，人哪會不和。沒有天時、地利，英雄也無用武之地。所以我們一定要有一個好的讀書環境，好的學校，好的社區，好的鄉土，好的民風。這都是「風水」。

「四積陰德」，意謂要有教養，要有內涵，做一個好人，要有好心啊！做好學生，要下功夫，不是光靠你的學業成績，還要有好的操行、好的品格。好心表現在對人間的關愛，要給出溫暖，讓溫情滿人間。此默默耕耘、好好做人而不求人知，就說是積陰德。

「五讀書」，意謂有了一命二運，加上三風水、四積陰德，有了價值自覺的處世智慧，你有好心就有好報。五讀書就是用功讀書一定會有好成果，創業也一定成功，那人間好報一定會追隨好人的腳步而來。

天生的命，自然的風水，都要靠人為的運轉、人為的積德來生發作用，再加上讀書，一生的志向與願望就會實現，一切也就水到渠成了。

跟自己和解要認命

人生在世，就是我這個人物的「命」，活在人間的「緣」中。我這個人物的才氣性向，不管你自己喜不喜歡，也不管它高不高、強不強，對你而言它就是唯一的，不可能有第二個。我們參與人間，我們在家庭生活、在學校學習、在社會工作，你只能夠靠它。長得好看嗎？夠聰明嗎？有分量嗎？有才情嗎？不管如何，千萬不要抗拒你的它。這個它就是指我們的形軀，也就是我們的命。照照鏡子，不要不喜歡自己哦！儘管它長出很青春的痘痘，你還得喜歡你自己，這是你唯一的據點，試著學習接納自己，欣賞自己，不跟人家比。這是我唯一的可能，我一切的追尋與奮鬥，都得通過它來實現一生的理想。

不要不滿意自己的身高、體重，不要不滿意自己的長相、自己的聰明才智。因為你只有它，你一生靠它！所以，不要在乎別人對你的指指點點，不要在乎別人是否喜歡你，你總是要接納它，因為它是唯一的可能性！它就是我們的基地，是你在人間落腳生根的基地。

好多人在成長過程中一直在抗拒自己，從來沒有想到要好好開發自己，只是在討厭自己、逃離自己，總想換一個自己，那是不可能的。你一定要認命、要面對、要承受，面對我們的有限，承受我們的不好。承受不好，面對有限，你才可能轉向美好與突破困局。學習承認自己的不好，它再不好也是你的唯一，捨此而外，你一無所有！所以我才說，每一個人都要認自己的命，父母生給我的就不要跟別人比，因為你只有你，不可能有另外一個你。你可以欣賞別人，但是你只能做你自己，不可能做成別人。

此外，這個社會變動太大，這個人間太過複雜，我們都不曉得要如何調適因應。但是你又沒有地方可以逃，你只能通過。你不通過的話，就沒有了人生的前程，所以你要勇敢的往前走去，讓「心」帶動人物才氣的命，闖過人間緣會的考驗。

跟人間和解在隨緣

你怎麼通過人間緣起不定的考驗呢？儘量依「禮」而行，守住禮數，因為人間的禮數就是生命的常軌。我不相信有哪一個人會一直排斥你，跟朋友道歉，向媽媽認錯，對老師悔過，因為你要跟他們活一生的啊！你怎麼可以長期對抗，而關係緊張甚至破裂呢！天生的我是「命」，但是人間的遇合是「緣」，而緣不一定碰得上，也不一定合得來，我們還是得通過複雜的人生行程。

很難通過，但總是要通得過。忘掉所有不愉快的情事，過了就忘了。沒有忘，代表你還沒有過。把昨天諸多的不以為然，把積累在心裡的壓力，就在今晚全部化掉。明天又是一個全新的你，大家都是新的，日新又新！千萬不要把過去的，屬於童年、青少年所有的氣憤怨怒積累到今天，讓對方受不了。人間這麼苦，每天都把最苦的面孔給他看，那大家都不能活了。

所以怎麼通過？要通過我們的心靈去化解，放下它！嘗試忘掉那些不愉快的回憶，嘗試擺脫那些過往的傷痛，不要積累心中啊！那個叫塵垢，那個叫污染，那會積成垃圾山。不要讓自己的心變成垃圾山，要讓自己的心轉為焚化爐。每天把心靈的垃圾化掉，把它清除出去，你的心就歸於空靈，而且充滿寬容，人家就可以進來！假如成了垃圾山的話，就會排斥別人。忘掉人間的不好，當下過，當下忘。掌握所有的現在、所有的今天，擺脫過去的困苦，讓自己有一個全新的今天，有一個更好的明天！這一切要從何而來？從我們的心來啊！「命」已定，心來運來轉，「緣」不定，心來認分來定住。

為什麼有人活得好，有人活不好

基本上每一個文化都有它的一套哲學，來解釋為什麼人會活得好？為什麼人會活得不好？以哲學的觀點而言，第一個問題，從本質意義來看，是問人的無限性是什麼？第二個問題，從發生意義來看，是問人的有限性在哪裡？

無限性在人性普遍存有的價值感，也就是人人都可能自覺而有的人生理想。例如：「性善說」或者「人皆可為堯舜」的觀念。但事實上並沒有人人皆成就堯舜的德業，這就必須面對人有限性的問題。

我們之所以比較有「命」感，想必與這套哲學觀念有關。反觀西方哲學，因為有上帝的信仰，而上帝又是至善全能的：至善給德行，全能管福報。我們卻把兩者分開了，所以每個人都有兩個命，一個叫理命，一個叫氣命。

理命是人人天生而有的心性，指的是義理之性、心性之善；氣命指的是天生而有的氣性才性，是氣質之性。義理之性人人皆然，氣質之性卻人人各有不同。理命用來解釋人人皆有的德行，氣命專講人人各不相同的福報問題。談福報就會碰到氣命的問題，主要重點在解釋為什麼有些人活得不好。

《論語》裡面孔子心痛冉伯牛生了重症，說：「斯人也而有斯疾也！」這樣的好人卻得了這種絕症，真是無語問蒼天啊！好人沒有好報，絕不是理命的問題，而是氣命使然，是自然之天的氣命而非義理之天的理命。再者孔子也慨歎的說：「道之不行也與，命也。」孔子有心奉獻己力，以化成天下，卻發現大道不行於世。因此即使有無限的理想，但終究會有時代氣運的限制。氣運是整個時代的運會，不單有氣命的限制，還要加上運勢的限定，來解釋何以大道不能行之於世的無可奈何。

我放下來了，你還背在自己的身上

跟各位說一個故事，好像是從南懷瑾老師的課堂上聽來的，說在日本的佛門禪林裡面，有兩個和尚在修行，一個大和尚，一個小和尚。有一天大和尚帶著小和尚一起去遊山玩水。路途上一條河流擋道，水上凸出幾塊石頭，日本的園林流水總擺有幾塊圓石，可以從上面一路走過去。有一位小姐過不去，為什麼？因為她穿和服。儘管有圓石可以墊腳，但是水已經上來了，所以她停在岸邊，不知要如何過河。大和尚一看，兩手拉開就把她抱起來，一步步走過去。過了河，當然就把她放下來，師徒兩個人就這樣回到他們的山頭寺廟。

當天晚上小和尚睡不著，在山頭走來走去，他覺得不可理解，怎麼師父可以抱起女人過河？抱女人不是有違清規嗎？所以他一個晚上在山頭漫步，充滿了困惑和煩惱。大和尚一看，這個學生今天怎麼不對了，好像著魔一樣，就問他怎麼了？他直對師父說：「師父，你今天怎麼可以抱起小姐的身子過河？」這老和尚只簡單回應了一句話：「噢！我早已放下來了，原來你還背在身上啊！」當那個情境出現的時候，他抱起小姐過河，過了河就放下來，放下來就不會成為負累，所以大和尚什麼事都沒有。小和尚沒有抱起那位小姐，卻一直把她背在自己的心上，人家大和尚已經忘了，他還念念不忘。這反映師生兩個的修養工夫，大和尚是當下過，當下忘，心裡面不起執著，把它忘了、把它放開了，它就不會成為你的負擔！但小和尚忘不了，忘不了就通不過，他還停留在老師抱起小姐的那個情境中，他還沒有過，他跟自己過不去！

所以人生在世，我們要當下過，當下忘！千萬不要讓它形成心裡的負擔，成為我們一生的負累。我說人生要通過，怎麼通過？忘掉所有的不愉快，你才能通過人生的關卡而不被自己卡住，心靈可以化解，把這些垃圾清除、焚化，轉換成一個全新的自己。你回來了，大家也跟你一起回來。你心裡面空出來了、沒有壓力，所有在你身邊的人，都感受到你生命的愉悅。這在莊子說是「與物為春」（〈人間世〉）。當你來到生命現場的時候，身邊的人都會感受到春天來了的生機活力。所以有的人生命是春天，有的人生命老是冬天。我們要能夠「與物為春」，當我出現的時候，就是春暖花開的季節。人生多艱苦，我們永遠把春天帶到人間，靠的就是我們的心靈，我們對人間的善意和愛心。

在掌握機運中開創幸福天地

本來生涯裡面，離不開天時、地利，我們有愛心朗現的話，就加上了「人和」。天時、地利、人和，美好就在當下現前。生命美好要如何開創？通過我們的心去開創，如何掌握？由我們的心來掌握！所以儘管人物是有限的，而人間是複雜、變動不定的，只要我們自己的心當家做主，我們的命是可以扭轉的，人間的緣會是可以掌握的。

我們的命是有限的，我們的緣是複雜的，但是我們的愛心總在那個地方，儘管有限但是我讓它有愛，儘管複雜我還是讓人跟人之間，在善意中回歸單純。人生苦嗎？但苦裡有愛的甘甜美好；人間複雜嗎？只要給出體諒和包容，很自然的就回到人性根處的單純了。不管多艱苦，總是有愛心在那發光、發熱，讓世界有光、有熱。

命是我們天生的條件，緣是我們人間的機遇，天生的條件要通過人間的考驗，我們希望它能開花結果，這樣就可以開發出我們的幸福天地。幸福天地在哪裡？在我們的「心」裡。命不過是人物的條件，緣不過是人間的考驗而已！「心」才是推動命、創造緣的動力源頭。

過去已經過去了，那叫「命」；你還有現在，還有明天，那個叫「緣」。這個緣，就是我們的機運，就是我們的希望。過去已經定了，但是未來我們可以開創，可以扭轉。「行到水窮處」，可不要忘了還有「坐看雲起時」等在後頭，我們總是要掌握自己每一當下的機運，開創自己真實美好的明天！

附論

諸子百家如何說「命」

談到對命的態度，孔子告訴天下人要「知命」，墨子對他的徒眾講「非命」，孟子要我們「立命」，莊子要我們「安命」，荀子則強調「制天命」。從對生命的通透理解與真切體悟，以致於開創自家獨特的生命進路，這五種觀點都深具啟發性，我們可以融會貫通，並藉以論人生的命與運，不僅要有消極的「安」，還要有積極的「立」。

本文專就先秦諸子的哲學觀點，來解析儒墨道法四大家對「命」所抱持的態度，與所顯發的智慧。

孔子講「知命」

第一個出場理所當然是春秋時代的孔子，他對「命」有深切的感受。他的弟子德行的代表人物冉伯牛身染重症，孔子前去慰問，就站在窗外，伸手拉住伯牛的手，說：「亡之，命矣夫，斯人也而有斯疾也，斯人也而有斯疾也！」孔子心痛像伯牛這樣的好人，竟也罹患這樣的重症，這是不合理，也不該發生的，這就是所謂的「命」吧！他的大弟子顏回，不幸短命死矣，「夫子哭之慟」，傷痛之極連說兩句「天喪予，天喪予」，說老天要毀了有待傳承下去的「道」。所以他會說出近乎絕望的一句話：「道之將行也與，命也；道之將廢也與，命也！」大道能否行之於世，此中自有時代氣運的限制。不是「道之以德，齊之以禮」的人文教養就能扭轉。我們看孔子一生，雖「知其不可而為之」，最後直道而行的子路，在追隨老師的路上，仍不免要對著隱者人物說出了一段很悲壯的話，說我們師徒行道人間，講學不輟，「道之不行，已知之矣」，雖時勢不可為，我們還是要堅持理想，做身為儒者所應該承擔的事。

總說一句，「死生有命，富貴在天」，這是子夏引述孔子的一句話，人的死生，跟家族血統的遺傳基因直接關連，像心血管、血糖，甚至癌症，醫師診治時都會問家族病史，像我們家就有地中海型貧血的遺傳，從父系這邊有血糖的問題，母系那邊有心血管的問題，這就是我們天生而有的氣命。而人間行走的福報問題，這裡所說的「富貴」，跟人與人之間的緣會遇合，大有關連，這就有幸有不幸的分別了，緣會遇合涉及人間發生的偶然，不是我們自身所能主導與決定的，也不是我們所能預知的，所以人才會去求神問卜，而歸之於不可知的天意了。

面對人物死生之天生有命的限制，與人間窮達之緣會遇合的限制，孔子教導我們，「不知命，無以為君子」，人物活在人間，要真切體認到人物有命的有限性，與人間有緣的複雜性，前者天生命定，後者緣會不定，果真是不想定的已定，想定的卻偏偏不定的無奈，人所能做的就在修養自己，去做一個成德的君子，以人格的高度，來取代人物死生與人間窮達的缺憾，倘若不知人物天生命定與人間緣起不定的限制，就會在追求權勢名利的路上，既怨歎老天，又責怪別人，且不擇手段，也不在乎社會的觀感，那就失去了人之所以為人的品格與榮耀了。

墨子主「非命」

第二個要出場的是戰國時代的墨子，墨子站在平民的立場，而以反儒的姿態出現，因為儒家的士為貴族做事，仁者愛人有親疏遠近，那是有差等的愛；墨家講的是兼愛，那是一視同仁，沒有差等的愛；這樣的愛，天下平民才有機會，才會被在位者看到。儒家親親、仁民、愛物的理序，墨家要打破，因為親親無異是貴族愛貴族，那要等到何年何月才能公平的對待天下人民！

再進一步說，光講愛太抽象了，兼相愛要在交相利表現，愛要落實，才會有實質的感受。所以墨家以「利」來界定「義」，不再是儒者所說的「君子喻於義，小人喻於利」的義利之分，而是打破君子與小人二分的價值分判。所謂的公平正義，一定要落在利上，這樣的思考是很庶民的，站在為天下平民爭平等的基本立場，所以墨子高喊「非命」的口號，拒絕接受命運的安排。

在孔子「知命」的觀點之後，墨家積極的號召天下平民，要挺身出來反抗命定的論調。就因為跟天下平民站在一起，一時蔚為風潮，使得墨家集團聲勢浩大，像一支平民的救世隊伍，縱橫在列國之間。墨俠與儒士成為時代的顯學，後世的俠義道與俠客行，就在官府之外，扶持人間正義，管盡天下不平事，就是「非命」這一價值論點的志業延伸。

孟子要「立命」

第三個緊接在後出場的是儒學的弘揚者孟子，孟子說他自己內心最大的願望，就在師承孔子。他周遊列國，當面批判兩大最有權勢的君王，梁惠王與齊宣王，一點也不退讓的直對梁惠王說：「王何必曰利，亦有仁義而已矣！」又毫無保留的責求齊宣王說：「王之不王，不為也，非不能也。」孟子的陽剛性格完全展露無遺。功利離不開現實的拉引，價值層次不高，而仁義顯發人性的高貴，才能成就光明正大的外王志業。而「王道」在「以德行仁」；「以力假仁」，已墮為「霸道」，王之所以不王，不是自己不能，而是自己不為。

對於天下君王的期許與責求，如此之高，對人世間每一個人的

「命」，孟子也給出了「正命」與「立命」的價值論定。所謂「正命」，就在「盡其道而死者」，若是「桎梏死者」，就是「非正命也」。有生就有死，本是實然的現象，孟子將死生有命，提升到應然的價值，做更深一層的分判，盡其道則得其正，桎梏而死則不得其正。

此外，面對生死，說「殀壽不貳，修身以俟之，所以立命也」，不在實然層次去討論如何避開死亡的問題，轉而在應然層次做一存在的抉擇，要修養自身，盡其為人之道，讓此生做一翻轉，不是死亡來終結我的一生，而是我自身來挺立人活一生的尊嚴與榮耀。

從人間有緣而緣起不定來說，孟子教導我們要以「心」知言，知天下的大是大非，堅守理之所當然的本分，就可以在緣起不定中，去定住老是不定的緣；再從人物有命而天生命定來說，孟子指引我們要以「心」養氣，以理之所當然的義做為養分，養成沛然莫之能禦的浩然正氣，直下承擔人間的道義，就可以在天生命定中，去運轉看似已定的命。

孟子以「知言」與「養氣」的修養工夫，一者「命」要得其「正」，二者「命」要有以「立」，而「正命」與「立命」的人文奮鬥，就以理義為價值內涵，將「命」從實然的層次，升越至應然的層次，再從有限中活出無限。從孔子到孟子，從「知命」到「立命」，已由消極轉向積極，充分反映出由春秋走向戰國的重大變局。在天下理序已完全崩潰，亟需建構一套新的價值體系，讓天下人可以在安身中立命。

莊子可「安命」

第四個是與孟子年代接近，將道家思想推向另一高峰的莊子出場。道家思想的開創者是老子，他不說天生命定，而說天生本真，命定在此反而可以保有天真；他也不說緣起不定，而說緣起總在自然中，不定反而可以給出天生自然的自在空間。

莊子承老子之後，老子看重政治，講無為而治；莊子回歸人生，講無用之用。而在人生問題的體會上，莊子反而貼近了孔子。孔子說：「死生有命」，莊子也說：「死生，命也。」孔子說：「斯人而斯疾，命矣夫！」莊子也在一段寓言說：「吾思夫使我至此極者而弗得也。父母豈欲吾貧哉，天無私覆，地無私載，天地豈私貧我哉，求其為之者而不得也，然而至此極者，命也夫！」（〈大宗師〉）在飢寒交迫與病苦中問人生到了活不下去的困境，是誰逼出來的？不會是父母，也不可能是天地，那這一困境之所從來，只剩下一個沒有理由的理由，那就是「命」吧！

此外，他在〈人間世〉有一段重大的宣告：「天下有大戒二：其一命也，其一義也。子之愛親，命也，不可解於心；臣之事君，義也，無適而非君，無所逃於天地之間。」人物活在人間，有兩大難關等著我們，一是「子之愛親」的「命」關，一是「臣之事君」的

「義」關。自我的「命」關，難在「不可解於心」；天下的「義」關，難在「無適而非君，無所逃於天地之間」。愛親之命，是與生俱來的，且從天下兒女的「心」生發認定的，當然不可解，認了自家心中的愛，等同認了身為人子的命。此既解不開，又何需解！事君之義，是在人間發生的，不論身在何處，國家權力總是無所不在，若未盡臣下當盡之義，天地再寬廣，也無自家立身之地，當然無所逃。此既逃不了，又何必逃！直下承擔就是了。

最後，莊子加上一句：「知其不可奈何，而安之若命，德之至也。」不論身為人子的命，還是為人臣下的義，都沒有選擇的空間，你不能讓它不發生，又對它無可奈何，也就把事君之義當做愛親之命一起認了吧，把人間緣起不定的義視同人物天生命定般，打從心坎裡一起認了吧！說「德之至」，意謂這是修養工夫的極致！莊子說是在心上做齋戒工夫（心齋），心知不起執著，人物的命與人間的義，都得到了釋放，吾心就在愛親與事君中「安」，那是不求安的安，放下了「不得已」的命，也解消「無奈何」的義，不求解也不用逃，那不安也安了！

這就是一代大哲莊子面對「命」與「義」之不安也可以安的大智慧。

荀子論「制天命」

第五位該請消化老莊又走離老莊，而另開新路的大儒荀子出場了。荀子「天行有常」的自然義，與心虛靜以知道的認知義，都承自老莊，只是「天」失去其形上性格，落在陰陽氣化中；而「心」之虛靜，也不再是超越的觀照，而落在平對的認知。故「天行有常」的現象自然，成了被治的對象，而「心」之虛靜認知，成了能治的主體。此開展出諸子百家間僅見之以認知心建構禮義法度，而將天地萬物與天下人民納入體制中運作的客觀思考。

老子「道法自然」，道不離它自己永遠如此的理則，也就是它是它自己存在的理由，如同孔子的「仁者安仁」，「仁」就是它自己存在的理由。「然」是生命的美好，說「自然」意謂「然」從自己來，這樣的「然」才有必然性，「然」從外在來稱之為「他然」，「然」落在外在的因緣條件中，終究落空，佛門就說是「緣起性空」。「緣起」依外緣而起現，就是「他然」。此所以老子認定天生自然就是真實而美好，後天人為在執著造作之下，本真失落而美好不再。荀子卻站在老莊的對立面，〈性惡篇〉開宗明義就說：「人之性惡，其善者偽也。」此上下兩句，「性」與「偽」對顯，天生而有的是「性」，後起人為的是「偽」，意謂人天生而有的性，是沒有善可說的；人間所有的善，都是人為制作出來的。關鍵在「偽」的解讀，老莊解為人為造作，荀子讀回「制禮作樂」的人為制作，造作失真，而制作創新，荀子在此走離老莊，而另開新路。

荀子說：「聖人化性而起偽，偽起而生禮義，禮義生而制法度。」聖人以後起人為的「偽」，來化成天生本有的「性」，此起偽以化性，正與「天地生之，聖人成之」的「天生人成」兩相呼應。且天生在「天有其時，地有其財」，人成在「人有其治」，天時地財的現象自然，是被治的對象；人為的虛靜知道，才是能治的主體。能治在「偽起而生禮義，禮義生而制法度」，故所謂「人治」，就是通過「偽起」之人為制作的禮法制度，來治理天下。

佛門說緣起，又從緣起說性空，僅是負面的消極觀點；荀子說偽起，偽起正所以化性，已走向正面的積極觀點。就「緣命之間」來看，人間有緣的後起人為，若通過人為制作，建構客觀的體制規範，也可以安頓人物有命的天生命定，這或許是「有善緣的人可以扭轉命」的當代新解。

荀子最後說：「人之命在天，國之命在禮」，人物有命是天生而有，靠天職天功來生養；而家國天下的人間有緣，不能老在緣起不定中，而要偽起而制作禮義法度，來定住緣起不定的人間。故「人之命」在「天生」，「國之命」在「人成」。

荀子如何說命，歸結在「制天命而用之」。就荀子來說，天是現象自然，等同天氣天象；「制」在「偽起」的人為制作，建構禮義法度，藉以治理天時地財的存在資藉，「而用之」意謂做公平合理的分配，為全民所分享共用，所以說一國的命脈就在客觀的禮義法度。這樣的話，「人間有緣」在「不定」中可以定，「人物有命」在「命定」中也可以扭轉。這就是大儒荀子給出的大突破。

他的弟子韓非，是法家思想的集大成。韓非子有云：「智，性也；壽，命也。性命者，非所學於人也。」從非所學於人來看，智的心性與壽的氣命，都是天生命定；不過韓非師從荀子，以心的虛靜認知去建構法制，以治理萬民，並將心的虛靜轉向術用，用以統御群臣。所以，韓非子又說：「法術不可一無，皆帝王之具也。」二者皆由後起人為的「起偽」，制作法度，並運用治術，以富國強兵。其後通過秦皇李斯之手，完成一統天下的大業。從事功來看，他似乎越過了他的老師，不過整個治國平天下的大方向，是他的老師開創出來的，不走孔孟老莊之主體修養以開發智慧的老路，而走出荀韓之客觀體制以治理天下的新路。

荀韓終結了戰國亂局，這是他們師生倆共同的大突破，何止是一己的「善緣」與「好命」而已！他們「定」全天下的「緣」，「改」全天下的「命」！

緣命之間

作者：王邦雄
主編：曾淑正
企劃：葉玫玉
封面設計：丘銳致

發行人：王榮文
出版發行：遠流出版事業股份有限公司
地址：台北市中山北路一段十一號十三樓
郵撥：0189456-1
電話：（02）25710297
傳真：（02）25710197

著作權顧問：蕭雄淋律師
二〇二〇年八月一日　初版一刷
二〇二四年一月一日　初版三刷
售價：新台幣三〇〇元

ISBN 978-957-32-8828-2（平裝）

遠流博識網 http://www.ylib.com
E-mail: ylib@ylib.com

國家圖書館出版品預行編目（CIP）資料

緣命之間／王邦雄著．-- 初版．--
臺北市：遠流，2020.08
面；公分
ISBN 978-957-32-8828-2（平裝）

1. 人生哲學

191.9　　109009033